Wohin?

Warum?

Wie war's?

Patagonien

Ute Fischer
Bernhard Siegmund

Ein Buch aus dem

Redaktionsbüro Fischer + Siegmund

In den Rödern 13
64354 Reinheim

Fotos: Fischer (20), Siegmund (13)

Das Buch wurde nach bestem Wissen zusammengestellt. Für die Richtigkeit der beschriebenen Angaben wird keine Gewähr übernommen
ISBN: 978-3-7431-8152-6

Jede Verwertung des Werkes außerhalb der Grenzen des Urheberrechtsgesetzes ist unzulässig und strafbar. Dies gilt insbesondere für Übersetzung, Nachdruck, Mikroverfilmung oder vergleichbare Verfahren sowie die Speicherung in Datenverarbeitungsanlagen.

© 2017 Ute Fischer + Bernhard Siegmund
Herstellung und Verlag:
BoD - Books on Demand, Norderstedt

Wohin – warum – wie war`s?
Unsere Reise nach Patagonien

Vorwort

Dies ist kein übliches Reise-Buch. Zwar waren wir als Reisejournalisten Jahrzehnte lang unterwegs, geübt in Reiserecherche und Reisereportagen. Doch diese Geschichte ist eine private, nicht unbedingt objektiv, sondern eher sehr subjektiv, wie man eben private Reisen empfindet. Das spiegelt sich wider in den Flops und Tops, die wir erlebten. Kurz: Wir haben uns als Reisende selbst aufs Maul geschaut, uns selbst zugehört und unsere Gefühle reflektiert, ohne Rücksicht auf irgendjemanden und irgendetwas, außer auf uns selbst.

Patagonien ist bereits das dritte Buch dieser Reihe. Wenn wir von Reisen heimkehren, suchen wir immer nach einer erschöpfenden Antwort auf die Frage: „Wie war`s?" Wer selbst reist, weiß, dass es darauf keine einfache, vor allem kurze Antwort geben kann. Klar. Schön war`s. Und aufregend. Und ganz anders, als erwartet. Das alleine wäre aber ein ärmliches Fazit und könnte nicht einmal ansatzweise beschreiben, wie unsere Patagonien-Reise verlief. Fahren Sie doch einfach mal selbst hin!

Wohin?

Patagonien – wo iss das?

Wie kommt man auf Patagonien als Reiseziel? Bei uns war es eine Fernsehdokumentation, die unsere Neugier weckte. Nein, nicht die von Klaus Bednarz, das hätten wir uns gemerkt. Aber in unserer Erinnerung blieben riesige hohe Gebirge nach Art des Himalaya, endlose Rinder- und Schafherden, Gauchos mit von der Sonne gegerbten Gesichtern, Grillroste vom Ausmaß einer Tischtennisplatte, saftige Steaks, Pinguine, Seelöwen, Pumas, Guanakos, dramatische Küsten, Wasser, Kap Hoorn. Noch dazu gerieten wir mehrfach in eine Serie eines norwegischen Kapitäns, der von Chile hinunter in den Beagle-Kanal nach Ushuaia fuhr und von dort zum Kap Hoorn, dessen Namensgeber uns von unseren niederländischen Reiserecherchen bekannt war. Kapitän Cornelisz Schouten aus Hoorn, Provinz Nordholland, Region Westfriesland.

Am Anfang verbuchselten wir ständig die Wechstaben; unser Kopf war noch voll von unserer Kapadokienreise.

Dann stöberten wir im Internet nach Lesematerial und fanden ziemlich wenig:

Wikipedia liefert uns eine Literaturliste und schon mal die Erklärung des ungewöhnlichen Namens. Der portugiesische Entdecker Ferdinand Magellan gab den einheimischen Tehuelche-Indianern bei seiner Überwinterung im Jahre 1520 in der Region Feuerland wahrscheinlich auf Grund ihrer großen Statur den Namen Patagones.

Pathagón hießen die Riesen in den „Novelas de Caballería", einer zu jener Zeit viel beachteten Sammlung von Rittergeschichten. Ob dies wiederum von „großen Füßen" (spanisch: patones) abgeleitet wurde, hat uns Magellans Reisebegleiter Antonio Pigafetta in seinen Tagebüchern nicht übermittelt.

Bei der Literatur kam uns Journalisten das Bednarz-Buch von 2004 in der Erzählweise am nächsten. Ehrliche Information im Guten wie im sich bewahrheiteten Schlechten. Keine Schönfärberei, wie man es aus vielen Reiseführern gewohnt ist. Vieles fanden wir auch nach über zehn Jahren noch so vor, wie er es beschrieben hatte. Da unten, am Ende von Südamerika, ändert sich selbst im Internetzeitalter wahrscheinlich so schnell nichts. Patagonien ist so dünn, ja spärlich bevölkert. Lediglich drei Städte explodieren in den Sommermonaten (Dezember bis Februar), dann kommen die Argentinier und Chilenen nach Punta Arenas, Puerto Natales und El Calafate in die Nationalparks eingeflogen, um die beeindruckende Natur mit Gletschern und Bergen zu besichtigen.

Enttäuschend war, dass der jüngste Merian über Patagonien aus dem Jahr 1996 stammte. Auch bei DuMont fanden wir das Thema nicht. Es gab auch keine akzeptable Landkarte, um sich ein Bild über Patagonien zu machen. Heute ist uns das klar: Patagonien ist mit etwa 5.000 Kilometern Länge und über 3.000 Kilometern an der breitesten Stelle zu groß, um auf einer einzigen Landkarte mehr als Fliegenschisse zeigen zu können. Die sehenswerten Orte liegen so weit auseinander, dass man sie am besten mit dem Flugzeug anvisiert. Mit einem Geländewagen, Schneeketten, Schlafstellen und großen Proviantvorräten würde man Monate lang unterwegs sein.

Wir schafften diese Reise in 14 Tagen, in einer zwölfköpfigen Reisegruppe, mit Reiseleiterin und verschiedenen Local Guides. Das ist eine relativ kurze Zeit für dieses große Land. Aber sie genügt, um hinterher eine ganze Menge erzählen zu können.

Ute Fischer + Bernhard Siegmund

Tag eins

Abflug um 19:50 Uhr – eine gute Zeit, um den Tag Zuhause noch nützen zu können. Wie zum Hohn trifft an diesem Morgen das Paket von BOD ein mit den ersten Exemplaren unseres selbst verfassten Borreliose-Jahrbuchs 2017. Bernhard meint eher scherzhaft: „Da kannst du ja noch den Versand für die Autoren machen". Und das mache ich tatsächlich. Es sind ja nur sieben Exemplare als Büchersendung, also ohne Anschreiben. Auch Nachbarin Gitti, die uns bei Abwesenheiten die Zeitung hereinholt und täglich die Einbruchprobe macht (böse Buben stecken zuweilen klarsichtige Plastikteilchen in die Haustüre, um zu prüfen, ob diese bewegt wird) hat heute Geburtstag. Auch bei ihr feiern wir noch ein bisschen. Dann kommt Christian, unser Mittelster, um uns zum Flughafen zu fahren. Normalerweise fahren wir mit Bus und Airliner ab Darmstadt. Aber wenn man es schon angeboten bekommt? Upps. Schnell noch am Briefkasten halten und die Bücher einwerfen. Damit ist im Büro alles erledigt, was geplant und sogar was nicht geplant war. Patagonien, wir kommen!

Am Check-In-Schalter fragen wir nach unserer Gruppe und zwei nebeneinander liegenden Sitzen. Der freundliche Officer schüttelt den Kopf. Keine Chance. Der Flug sei ausgebucht und der

Reiseveranstalter habe keine Informationen gegeben, wer nun ein Paar sei und wer nicht. Eigentlich seien nur zwei Menschen mit dem gleichen Familiennamen dabei. Aber auch die – wie ich auf dem Flug von Sao Paolo nach Buenos Aires erfahre – mussten über viele Reihen getrennt sitzen. Für uns rächt sich, dass wir nach unserer Heirat unsere Geburtsnamen behalten haben.

Nun kommt Trick 17. Ich lüge, dass ich Flugangst hätte und unbedingt meinen Mann neben mir bräuchte, um nicht auszuflippen. Der Officer fragt mich allen Ernstes, ob ich dann lieber am Boden bleiben wolle. Ich zaudere. Braucht der noch einen Platz und würde eher auf mich verzichten? Ich lehne ab, weil ich gar nicht mehr nach Hause käme. Er telefoniert mit seinem Chef, sagt er. Dann schickt er uns sofort zum Gate. Unbedingt, so schnell wie möglich. Freilich müssen wir erst die Passkontrolle und die Körperkontrolle durchlaufen. Ei, ei, ei, wieder was für ein Zirkus. Während Bernhard fast alles ablegen muss, wird bei mir sogar in den Schritt getastet. Mein Rucksack bekommt wieder die Sprengstoffkontrolle verpasst. Negativ. Eben.

Am Gate wartet man schon auf uns. Wir erhalten zwei Boarding-Cards in der 15. Reihe; zwar mit H und C nicht direkt nebeneinander, aber immerhin in der gleichen Reihe bis Sao Paulo (zwölf Stunden). Von dort nach Buenos Aires sind wir drei Reihen auseinander. Aber das sind ja nur drei Stunden.

Geschafft. Es ist Bernhard gelungen, seinen allein reisenden Nebenmann zum Platztausch mit mir zu bewegen. Für ihn ist der Platz genauso gut: Erste Reihe, also mit viel Beinfreiheit und Gang. Die Monitore sind in der Trennwand zur First-Class untergebracht, die Tischchen werden aus den Armlehnen gezaubert. Perfekt. Wir strahlen uns an und knuddeln unsere Hände. Bald nach dem Start wird Essen serviert: Chicken oder Beef. Der Rotwein ist ordentlich. Davon kriegen wir noch einen Nachschlag. Schließlich liegt eine lange Nacht vor uns, von der wir hoffen, das meiste verschlafen zu können. Die First-Class hat eingebaute Fußhocker, die sich mit dem Sitz zu einer richtigen Liege zusammenschieben lassen. Wir haben zumindest genügend Beinfreiheit. Ich drapiere meinen Rucksack so hoch er stehen bleibt und packe darauf das Airline-Päckchen mit Kissen und Wolldecke. Fertig ist mein Fußhocker. Dank meiner vorgetäuschten Flugangst sind wir in einer richtigen Komfortzone gelandet. Die Bodenstewardess mahnte fast Demut an; wir seien auf Plätzen gelandet, für die man normalerweise 90 Euro Aufpreis bezahlen müsse. Das mit der Flugangst muss ich mir merken. Wenn die wüssten, dass wir einen Ratgeber gegen Flugangst verfasst haben, der noch ziemlich aktuell im Buchhandel zu finden ist. Er macht uns zwar nicht wohlhabend, leistet aber jährlich einen Beitrag zur Mischkalkulation unserer Einkünfte

Eine lange Flugnacht liegt vor uns. Zwölf Stunden oder etwas mehr. Der Monitor vor uns zeigt den aktuellen Flugverlauf: Richtung Paris, Lissabon, auf den Atlantik, Madeira, dann Punta Delgada auf den Azoren; der Fliegenschiss eines Inselarchipels mitten im Atlantik zwischen USA und Europa. (Siehe unser Buch aus der gleichen Serie). Doch bis São Paulo ist noch ein unendlich langer Weg.

Lange lese ich in dem 20 Jahre alten Merian-Heft über die chilenische Seite Patagoniens; etwas Neueres gab es nicht in Heftform. Aber es vermittelt einen guten Eindruck über die Unterdrückung der Ureinwohner durch die Spanier. Ein Gedicht von Pablo Neruda, etwas über Gabriela Mistral, Dichterhelden meiner Jugend. Beide wurden mit dem Literatur-Nobelpreis ausgezeichnet. Mit etwas Glück werden wir zwei Häuser von Neruda in Santiago und in Valparaiso besichtigen.

Über dem Atlantik toben Turbulenzen, wie wir sie beide in unserer Jahrzehnte langen Reisezeit noch nicht erlebt haben. Wenigstens zwei Stunden rüttelt es uns in den Sitzen. An Schlafen nicht zu denken. Die Maschine – eine Boing 777-300.- stöhnt und ächzt, als würde sie gleich auseinander brechen. Es schüttelt mich im Sessel so stark nach rechts und links und rumst mich gegen die Armlehnen, dass mir beide Ellenbogen weh tun. Ich spreche mal wieder mit unserm Schöpfer, ob er uns nicht noch einmal davon kommen lassen will?

Etwa neun Stunden schlafen und dösen wir vor uns hin. Nach Frankfurt-Zeit ist es etwa 6:30 Uhr, als wir uns zum „Aufstehen" entschließen. Es ist Sonntag, der 20. November. Wir landen um 8:30 Uhr (noch-deutscher Zeit) bei völliger Dunkelheit in São Paulo-Guarulhos. Ortszeit 5:30 Uhr. Neun Grad Lufttemperatur. Drei Stunden Zeitverschiebung. Bei 12 Grad steigen wir aus.

Tag zwei
São Paulo, die Hauptstadt des gleichnamigen Bundesstaates, ist das wichtigste Wirtschafts-, Finanz- und Kulturzentrum sowie Verkehrskno-

tenpunkt des Landes, die größte Stadt Brasiliens und der größte industrielle Ballungsraum Lateinamerikas. In der Metropolregion Grande São Paulo leben 21 Millionen Menschen, überwiegend portugiesischer, italienischer, deutscher, libanesischer und japanischer Abstammung.

Den Umstieg erleichtern gut ausgeschilderte Wege zu den „Connecting" Flügen. Das Gepäck wurde eh durchgecheckt bis Buenos Aires. Allerdings droht uns eine neue Leibesvisitation. Armer Bernhard: Hosenträger, Bauchtasche, Tablett und Handy raus, Pullover, Geldbeutel. Von mir wollen sie sich nur die Anti-Insektencreme aus dem Rucksack genauer ansehen. Auf der Damentoilette blicke ich in ein graues Gesicht. Weil wir genügend Zeit haben und ich mein Beautycase im Rucksack, wasche und schminke ich mich völlig neu. Herrlich. Ein neuer Mensch.

Bei Starbucks trinken wir Tee und Kaffee. Kein Problem, die kleine Summe mit der Kreditkarte zu bezahlen. Die Sonne geht auf. Sehr schnell schiebt sie sich nun über den Horizont. Am Gate erhalte ich einen neuen Boardingpass. Ich sitze sieben Reihen hinter Bernhard. Neben mir am Fenster sitzt Ilse K.; nach Auskunft der Bodenstewardess in Frankfurt angeblich mit ihrem Mann das einzige Paar unserer Gruppe mit gleichem Familiennamen, die zusammen sitzen sollen. Diese Aussage erweist sich bei näherem Kennenlernen der übrigen Reiseteilnehmer als falsch. Denn das Ehepaar K. sitzt ebenfalls viele Reihen voneinander getrennt, obwohl die zwei Dreier-Reihen der kleineren A 321 nicht voll besetzt sind, und die mittleren Plätze frei bleiben. Schlecht organisiert! Vor dem Take-off flitzt die Stewardess mit einem übel riechenden Spray durch den Gang und nebelt uns ein. Wir vermuten eine Prophylaxe gegen das Zika-Virus. Später erfahren wir, dass dies schon ein paar Jahre gegen mögliche, von uns eingeschleppte Parasiten praktiziert wird. Es stinkt bestialisch.

Man serviert uns ein labbriges Brötchen mit Käse und Schinken. Schon jetzt sehne ich mich nach unserem selbst gebackenen, köstlichen Vollkornbrot mit Sonnenblumenkernen und Haselnüssen.

Ortszeit 9:40 Uhr. Wir dürfen die Uhr eine weitere Stunde zurückstellen. Zuhause ist es jetzt 13:40 Uhr. Nach Längengraden sind wir gerade Frankfurt näher als New York. Beim Sinkflug erkennen wir die große Bucht zwischen Argentinien und Uruguay. Wir landen im diesigen Buenos Aires, unsere erste Station. 24 Grad. Sommer!

Erstmals versammeln wir uns als Reisegruppe. Zwölf Leute. Reiseleiterin Katja Fiedler dirigiert uns zu einem kleinen kompakten Bus. Er fährt durch ziemlich ärmliche Vororte und über einige Mautstellen. Die Autobahnen sind hier privatisiert und die Investoren lassen sich das für jeden Kilometer vergolden. Evita Peron begrüßt uns als haushohe Fassadenmalerei. Es geht weiter auf der Straße des 9. Juli, mit 14 Spuren und 160 Metern die angeblich breiteste Straße der Welt. Da habe man wohl die beigeführten Radwege mitgerechnet, vermutet Katja. Jedenfalls müsse man joggen können, um bei Ampel-Grün die komplette Straße überqueren zu können. Katja, die wir in Zukunft nur noch Kati nennen dürfen, weil die Einwohner das „J" nicht aussprechen können, ermahnt mich, meine Goldkreolen abzunehmen. Buenos Aires sei keine sichere Stadt. So auffallend getragenes Gold werde nicht selten von den Ohren gerissen, ohne Rücksicht darauf, dass noch Ohren dranhängen. Auch Bernhards

Uhr an der Goldkette wird umgepackt.

Buenos Aires

Die Hauptstadt ist das industrielle und kommerzielle Zentrum Argentiniens. Ihr Name stammt von Santa Maria del Buen Aire (Heilige Maria der guten Luft), der Schutzpatronin der Seefahrer. Ihr offizieller Name lautet Ciudad Autónoma de Buenos Aires, also Autonome Stadt Buenos Aires. Sie ist eine der größten Städte der Welt mit dem weltweit größten Hafen. 2001 zählte man eine Bevölkerung von 2,9 Millionen. Neuere Zahlen gibt es nicht. Im gesamten Ballungsgebiet leben mehr als zwölf Millionen Menschen. Die Stadt liegt am südlichen Ufer des Río de la Plata, der etwa 50 Kilometer breit, zusammen mit den Flüssen Rio Paraná und Rio Uruguay, in den Atlantik mündet. Weil jeder Fluss ein anderes Sediment mitbringt, kann man die drei Ströme aus der Luft im gemeinsamen Mündungsbett durch die unterschiedliche Färbung auseinander zu halten.

Gegründet wurde Buenos Aires am 2. Februar 1536 von Pedro de Mendoza auf dem Gebiet des heutigen Stadtteils San Telmo. Insgesamt gibt es 48 Stadtviertel. Die Bevölkerung besteht hauptsächlich aus Argentiniern spanischer und italienischer Abstammung. Die Mehrheit von ihnen kam aus Galicien, Asturien und den baskischen Regionen Spaniens sowie den kalabrischen, ligurischen und neapolitanischen Regionen Italiens. 97 Prozent sind europäischer Abstammung. Neben dem überwiegend römisch-katholischen Glauben; existieren aber seit über 100 Jahren auch jüdische, moslemische und evangelische Gemeinschaften.

Reisewarnung des Auswärtigen Amtes

In den letzten Monaten wird eine ansteigende kriminelle Gefährdung beobachtet. Grundsätzlich ist Vorsicht und Wachsamkeit angebracht, auch in als sicher geltenden Stadtteilen. Wertgegenstände sollten nicht offen getragen werden, Bargeld sollte nur in geringen Mengen mitgeführt werden. Bei Überfällen sollten Reisende keinen Widerstand leisten, da die Täter in der Regel bewaffnet sind und vor Gewaltanwendung nicht zurückschrecken.

Buenos Aires, die Stadt des Tango

Tangomusik wurde in den Vorstädten geboren, in den Bordellen im Junín y Lavalle Distrikt und in den Arrabales (ärmeren Vorstädten). Der

Tango war als Gesellschaftstanz verschmäht, bis ihn die Pariser High Society in den 1920er Jahren übernahm. Ab da ging er um die ganze Welt. Tango-Tanzschulen, auch als Tango-Akademien bezeichnet, wurden ursprünglich nur von Männern betrieben. Es heißt, dass sie sich mit dem Tanzen Heimweh und Langeweile vertrieben. Jedes Jahr am 11. Dezember feiert Buenos Aires seinen „Tango Day".

Verkehr

Eine Erfindung Buenos Aires' ist der "Colectivo", ein schmaler Bus, gebaut aus einem LKW-Chassis mit 21 bis 27 Sitzen. Zahlreiche Colectivos und größere öffentliche Busse durchqueren die Stadt jede Stunde und bieten Anschluss an alle Vororte. Man braucht also kein Auto. Es gibt auch eine Metro, genannt „El subte", die Abkürzung von "subterráneo", (Untergrund). Mit der Eröffnung im Jahr 1913 gilt sie als ältestes U-Bahn-System der Welt. Fünf Linien A bis E verbinden auf 46 Kilometern Streckenlänge die einzelnen Stadtteile. Geplant ist eine Erweiterung auf 89 Kilometer.

Buenos Aires ist der Knotenpunkt des gesamten argentinischen Schienennetzes. Die drei wichtigsten Bahnhöfe für Langstrecken- und Regionalzüge sind Estación Retiro, Estación Constitución und Estación Once. Der internationale Flughafen von Buenos Aires, Ministro Pistarini International Airport, liegt in der Vorstadt Ezeiza und wird oft nur "Ezeiza" genannt. Der Aeroparque Jorge Newbery Flughafen, innerhalb der Stadt nahe dem Rio de la Plata gelegen, bedient hauptsächlich nationale Flugrouten. Hier werden wir also nach Ushuaia starten.

Der Obelisk

Das 67 Meter hohe Denkmal wurde im Mai 1936 in nur vier Wochen von Alberte Prebisch errichtet. Anlass war das 400jährige Stadtgründungsjubiläum. 296 Stufen führen zur Spitze. Aus vier Fenstern kann man die Stadt überblicken. Der abends beleuchtete Turm gilt als vielbesuchter Treffpunkt nicht nur für junge Leute.

Unser Hotel

Das „Tanguero" in der Straße Suipacha, nahe dem Obelisken, ist ein so genanntes Bistro-Hotel, so nennen sich kleine familiäre Häuser, die sich thematisch dekorieren. Wie der Name sagt, geht es hier um Tango. Die Konterfeis der berühmtesten Tango-Tänzer Argentiniens hängen an den Wänden. In Vitrinen werden deren Schuhe und allerlei Souvenirs aus jener Zeit aufbewahrt. Die meisten Möbel, Kacheln, Armaturen im Bad, Lampen, Spiegel stammen aus Zeiten der vorletzten Jahrhundertwende. Auch die

Zimmer tragen Namen der berühmtesten Tangotänzer. Angenehm, dass die Matratzen und das Bettzeug moderner sind. Wir werden gut schlafen. Abgesehen davon habe ich stets ein kleines flaches Reisekissen mit.

Wir treffen uns zu einem ersten Stadtrundgang. Blühenden Flieder hatten wir schon bei der Anfahrt gesehen. Hinzu kommen die blau-lila blühenden und frühlingshaft duftenden Jacaranda-Bäume, die wir auch aus Barcelona und Lissabon kennen. In einem Einkaufszentrum reihen wir uns in eine lange Schlange zum Geldwechseln ein. 75 Brasilianische Peso sind fünf Euro. Allerdings kann man hier nahezu überall mit Kreditkarte, in Dollar und oft auch in Euro bezahlen. Lustig: Unter einem viele Meter hohen funkelnden und blitzenden Weihnachtsbaum laufen die Menschen in kurzen Shorts und mit nackten Bäuchen herum. Es ist Sommer, mitten im November.

Über den Mai-Platz, wo noch heute jeden Donnerstag Mütter und Großmütter um ihre vermissten Kinder weinen und demonstrieren, streifen wir die Kathedrale, in der Papst Franziskus als Bischoff tätig war. Beide stehen am nächsten Tag auf dem Programm.

Heute geht es in den Ortsteil San Telmo, eine der Urzellen Buenos Aires, zu einem Flohmarkt, der uns nicht sonderlich aus den Schuhen reißt. Kunsthandwerk – sicher sehr schön – aber viel zu groß, um es als Souvenir einpacken zu können. Es geht eng zu in den Gassen zwischen unzähligen Buden und über grobes Kopfsteinpflaster. Witzig, und für uns unbekannt. die Mate-Tee-Trinkbecher mit Sieblöffeln, damit kann man den Tee zwischen den gebrühten Blättern herausfiltern. Solche Pöttchen sehen wir noch bei etlichen Busfahrern in eigens vorgesehen Halterungen im Fond der Busse. Weniger witzig ist es für Ilse und Manne, dass ihnen aus dem Rucksack Geld geklaut wurde. Die Rede

ist von 2.000. Ob es sich um Euro, Dollar oder Peso handelte – darüber wurde nicht gesprochen. Jedoch ist anzunehmen, dass sich ein Paar wegen 2000 Peso verbal sicher keinen öffentlichen Schlagabtausch liefert.

Den Rückweg zum Hotel nehmen wir über Puerto Madero. Das höchstentwickelte Gebiet der Stadt, befindet sich in der Innenstadt und im Uferbereich des Rio de la Plata. Hier ist alles absolut neu (und exklusiv): die Wolkenkratzer, die

Autorenrestaurants, die Gemäldegalerien und die Design-Gaststätten. Es ist das mondänste Stadtviertel von Buenos Aires und ist aus der Erneuerung des alten Hafens entstanden, ein Gebiet, das schon seit Jahrzehnten brach lag und das in den 90er Jahren zu neuem Leben erweckt wurde, tadellos, kultiviert, mit restaurierten Kaimauern, sanierten Hafenbecken und historischen Segelschiffen. Als Wahrzeichen gelten Gebäude wie das Faena Hotel, das von Philippe Starck entworfen wurde; die Brücke der Frau, von dem aus Valencia stammenden Architekten Calatrava, der YPF-Turm und das Faena Arts Center, die Akzente in dieser neuen Achse der Stadt setzen.

An einem der kleinen Restaurants nehmen wir einen Drink. Das erste regionale Bier wird als okay befunden. Vor dem Lokal präsentiert sich ein Paar beim gekonnten Tangotanzen. Das liegt den Argentinier offensichtlich im Blut.

Kati macht uns Lust, am nächsten Abend eine Milonga zu besuchen; Milonga heißt schlicht: Der Ort, wo man Tango tanzt. Die meisten von uns zögern, als hätten sie Sorge, zum Tangotanzen gezwungen zu werden. Oder ist das etwa Fremdeln?

Argentinisches Steak

Das im Programm versprochene „saftige argentinische Steak" am Abend im Restaurant „Suipacha 425" in der gleichnamigen Straße wie das Hotel, ist kein Brüller. Es ist für unsere Begriffe ein schlecht geschnittenes, nicht pariertes Stück, weder Filet noch Rumpsteak, sondern irgendein Stück Fleisch. Unaufmerksam gebraten, zäh. Wir erfahren, dass es weder in Brasilien, noch in Argentinien oder Chile eine Steakkultur wie bei uns gebe. Das Wichtigste für diese Südamerikaner seit ein großer Fetzen Fleisch. Punkt. Die Pommes sind gut. Der Salat drapiert sich in homöopathischer Dosis. Die Empanada als Vorspeise war auch schon länger frisch gebacken. Nach dem Flan – sehr mehl- und grieslastig – bin ich erst einmal „Flan-geschädigt". Schade um den schönen Appetit. Der Wirt serviert als Trost einen süßen Champagner. Ich spüle ihn mit dem letzten Rest unseres guten Rotweins hinunter.

Kati versucht zu erklären, dass in Argentinien ein anderes Verhältnis zu Fleisch existiere. Klar, sie, die Vegetarierin, hat das Lokal ausgesucht und fühlt sich von unserer Diskussion angegriffen. Die inzwischen zum zweiten Mal versuchte Erklärung, man wolle mit dem Reisebudget auskommen, nervt. Immerhin haben wir für diese Reise pro Person fast 5.000 Euro hingelegt. Da muss an einem wirklich guten Stück Fleisch sicher nicht gespart werden.

Rotwein

Fast auf der gesamten Reise trinken wir die Sorte Malbec, eine Traube, die sogar ALDI in der Vorweihnachtszeit als besonderes Angebot für die Feiertage bewirbt. Ich weiß, wo bei uns zuhause noch vier Flaschen stehen, habe sie aber immer nach Hinten geschoben, weil der Wein als besonders gehaltvoll und als das Feuer Argentiniens beschrieben war und wir abends doch fast immer unseren gewohnten Cabernet Sauvignon bevorzugen.

Malbec ist, wie erst 2009 herausgefunden wurde, der argentinische und chilenische Name für die alte französische Rotweinsorte Côt. Sie wird beschrieben mit fruchtiger Würze, oft typische Pflaumen- und Tabaknoten, Anklänge an Blaubeeren, Lorbeer, Wacholder, Gewürze, Kirschen und Bitterschokolade seien ebenso möglich.

Tag drei

Die Prophezeiung, wir würden früh munter werden, trifft nicht ein. Mit Ausnahme der gewohnten nächtlichen Pinkel-Unterbrechung schlafen wir bis sieben Uhr durch. Die Entscheidung, die Klimaanlage am Vorabend auf 22 Grad zu stellen, war richtig. Das Zimmer war vom Vortag doch sehr warm. Wir schauen unser Zimmer nun genauer an: Mit seinen Stuckleisten an der Decke sieht es eigentlich aus, wie fast alle Hotelzimmer. Aber es gibt viele Details, die zwischen Art déco und anderen Stilen schwanken. Alles ist modisch in die Jahre gekommen, aber liebevoll bewahrt, gepflegt, um 1930 vielleicht? Das Porzellanwaschbecken, die gekordelten Fliesenabschlüsse im Bad. Wir haben eine gut gefüllte Mini-Bar mit Cola, Säften, Whisky, Champagner, sogar gekühlte Sektgläser, einen Safe. Weiße Ziehgardinen dämpfen den Blick durch die Glastür zwischen Toilette und Dusche. Verschnörkelte Spiegel über den Messingbetten. Das Frühstück im kleinen Hotel-Bistro ist nett. Toast, Kekse, Kuchen, Schinken und Käse.

Um 9:00 Uhr trifft der Local-Guide ein, eine jugendliche schlanke Dame mit leichtem Schweizer Akzent. Auf einer Landkarte im Hotel-Foyer erklären Kati und sie Patagonien, die verschiedenen Argentinischen Provinzen Rio Negro, Chubut, Santa Cruz, Tierra des Fuego (Feuerland). Hier sehen wir erstmals, dass auf Feuerland (es ist wie eine Insel), die Grenze zwischen Argentinien und Chile tatsächlich kerzengerade und vertikal mit dem Lineal gezogen wurde. Ich geniere mich fast, dass ich mich zu wenig auf diese Reise vorbereitet habe. Der Job, der Job!

Patagonien ist riesig - von Norden bis Süden eine Entfernung wie Paris und Teheran. Buenos Aires an der Mündung des Rio Plata ist die zweitgrößte Stadt Südamerikas. Alle Straßen im Schachbrettmuster angeordnet, vergleichbar mit Manhattan, aber nicht so geschickt nur mit Nummern unterteilt, sondern mit Namen. Alle vier Straßen eine Avenida. Zu Fuß landen wir wieder auf der Straße des 9. Juli, die zwischen 1912 und 1927 entstand, ursprünglich als Verbindung zwischen zwei Hauptbahnhöfen. Wir sehen das Opernhaus, irgendwie mit Säulen. Der Obelisk, hören wir, teilt die Stadt in Nord und Süd. Hier treffen die fünf U-Bahn-Linien zusammen. Die Coriento-Avenida ist vergleichbar mit dem Broadway in New York, mit vielen Theatern und Kinos. Wo die Straßen gestern am Sonntag noch ziemlich leer erschienen, tobt heute der Verkehr. Trotzdem kuschelt sich ein Obdachloser mitten am helllichten Vormittag schlafend an das Absperrgitter einer stark belebten Straße, unbeeindruckt von den rasenden Autos und einem Trommel-Event auf einer Verkehrsinsel.

Plazo de Mayo – Mai-Platz

Um ihn herum reihen sich beeindruckende Gebäude. Am bedeutendsten ist wohl die Cathedrale Primada, wo unser derzeitiger Papst Franziskus von 1998 bis 2013 als Erzbischof Jorge Mario Bergoglio diente. Von außen ein eher bescheidenes Gebäude. Wir hören, dass die Jüdische Gemeinde Buenos Aires nach Israel und New York die größte auf der Erde sei. Argentinien war und ist eben ein Einwanderungsland.

Im Jahr 1910 waren 30 Prozent der Bevölkerung Emigranten. Heute kommen viele aus Peru und Bolivien, weil man schnell einen argentinischen Pass bekommen kann. Man sei hier sehr offen, wenngleich es erst in den 70er Jahren zur Religionsfreiheit kam. Auch Chinesen kämen fleißig.

Die Argentinier zahlen keine Kirchensteuer. Die Kirche lebt ausschließlich von Staatlichen Subventionen und von Spenden. Und doch schafft sie den üblichen Prunk der Katholiken. Das Besondere: Jeden Morgen marschieren zwei Soldaten (Grenaderos) in der 1810 üblichen Uniform herüber vom Präsidentenpalast, um in der Kathedrale das Grabmal des Generals José de San Martin zu bewachen. Er ritt als Erster über die Kordilleren, befreite Argentinien, danach auch Chile, Ecuador, Venezuela und Peru von den Spaniern, für die er vorher gegen Napoleon gekämpft und dadurch die Kriegskunst gelernt hatte.

Der Mai-Platz steht seitdem für den 25. Mai 1810, dem Tag, als Argentinien unabhängig wurde, auch wenn sich dieser Prozess bis 1816 hinzog. Er wird als das Herz von Buenos Aires bezeichnet, auch weil es ehemaliges Gründungsgebiet der Stadt ist und heute, wie viele spanische und südamerikanische Plazas, repräsentativen

Zwecken dient.

In großer Runde um den Platz gruppieren sich neben der Kathedrale das alte Rathaus und etliche Großbanken. Von einem einzementierten hohen Gitterzaun abgetrennt, steht der rosa Präsidentenpalast. Die Straße ist praktisch für Autos immer gesperrt. Fußgänger finden aber auf beiden Enden einen Durchlass, um über die Parkflächen zu flanieren.

Mitten auf dem Mai-Platz leuchtet ein großer weißer Kreis mit weißen Flecken. Die symbolisieren die Kopftücher der Frauen, die um ihre verschwundenen und vermissten Lieben klagen. An die 30.000 Menschen seien während der Militärdiktatur von 1976 bis 1982 unter Jorge Videla und seinen Nachfolgern verschwunden.

Anfangs jagte man die anklagenden Frauen weg; doch sie kamen wieder mit weißen Stoffwindeln auf dem Kopf und liefen schweigend im Kreis herum als friedlicher Protest. Und so ist es noch heute jeden Donnerstag um 15:30. „Madres" nannte man sie früher, heute „Avilars", die Großmütter, die um ihre Enkel weinen; denn ihre Töchter wurden verschleppt und missbraucht. Wenn sie schwanger wurden, nahm man ihnen das Kind ab und tötete die Mutter. Etwa 500

Babys seien auf diese Weise an fremde Eltern gegeben worden. Man sagt, dass die meisten dieser Kinder noch immer nicht wissen, woher sie kommen und wer Mutter und Vater waren. Erst kürzlich wurde Enkel Nr. 121 identifiziert und gefunden. Wie als Wächter der Gerechtigkeit umkreisen große Töpfervögel (Horneros) den Platz.

Heroes de Malvinas*

Neben dem weißen Kreis steht ein Schwarzes Zelt. Seit acht Jahren demonstrieren überlebende Soldaten des Falklandkrieges still für ihre vergessenen Kameraden. Sie erhalten keine Unterstützung vom Staat. Das Thema Falklandinseln sollte man weder hier noch in anderen argentinischen Regionen ansprechen. Der Schmerz über den Sieg der Briten und die großen Verluste auf Seiten der Argentinier sitzt noch tief. Denkmäler und Plätze für die „Heroes de Malvinas", zum Beispiel in El Calafate, halten die Schmach lebendig.

*Malvinas oder Malwinen ist der argentinische Name der rund 200 Falklandinseln, die sich Argentinien 1982 durch Besetzung als sein Eigentum zurückerobern wollte. Sie liegen nur 395 Kilometer östlich von Südargentinien und Feuerland. Ihre Einwohner stammen zwar zum größten Teil von britischen Einwanderern ab. Aber das Territorium schien viel näher an Argentinien zu liegen als an Großbritannien. 73 Tage tobte der Krieg zwischen Großbritannien und Argentinien; dabei verloren mehr als 900 Menschen ihr Leben, 649 davon argentinische Soldaten; die Helden der Malvinen.

La Boca

Wir besteigen einen ziemlich vollen Stadtbus (etwa 6,25 Euro pro Person) nach La Boca, dem malerischen alten Hafenviertel, angeblich die Wiege des Tangos. „Passt auf eure Habseligkeiten auf", bläut uns Kati ein. Nach der ersten Erfahrung für Ilse und Manne sowie ähnlichen Erlebnissen auf unserer Rom-Reise im April, umklammere ich meinen Rucksack und sende einen Blick in die Umgebung, der größte Aggressivität signalisiert. Lasst euch nicht erwi-

schen. Das meiste Geld liegt aber im Koffer im Hotel.

La Boca liegt am Rio Gielo, eine Art Kloake, die ihren Schmutz in den Rio Plata schwemmt. Wo wir aussteigen, gabelt sich der Rundweg durchs Hafengelände. Von einem Balkon winkt fast obszön die Skulptur von Papst Johannes-Paul. Davor tanzen zwei Pärchen aufreizend Tango und animieren die Besucher, sich gegen einen Obolus verkleidet zum Tanz führen und fotografieren zu lassen.

La Boca ist übrigens kein echtes Hafenviertel mehr, sondern ein Eventbetrieb. Es schließt wie ein Museum um 18:00 Uhr. Dann kehren alle, die hier agieren, Shops und Lädchen mit Souvenirs betreiben, in ihre Elendsviertel zurück. Wir kaufen hier unsere Ansichtskarten. Darauf ist zwar nicht Patagonien, sondern Buenos Aires, aber damit hätten wir unser Ansichtskarten-Soll erfüllt. Unglaublich, wir bezahlen den hohen Preis für zwölf Karten mit Porto von rund 46 Euro. Später erfahren wir, dass wir nicht übers Ohr gehauen wurden. Tatsächlich verlangt die Argentinische Post (DHL) pro Karte nach Deutschland ungefähr 2,66 Euro. Kati belehrt uns, dass das Porto in Chile mit etwa einem Euro viel billiger sei. Gegessen!

Mit dem Bus geht es zurück ins italienische Kolonialviertel San Telmo, wo am Sonntag der Flohmarkt tobte. Erst jetzt sehen wir die italienisch anmutenden Häuser mit ihren Stuckverzierungen. In diesem Viertel existieren viele Milongas (Tango-Lokale). Den filigranen Guss-Gerüsten der alten Markthalle aus 1897 sieht man die Erbauer, die Familie Eifel, sofort an.

Das Mittagessen in einem kleinen Restaurant ist nett, aber wieder kein Brüller. Es gibt gefüllte Hühnerbrust mit Mangold und Schinken, Bernhard bestellt Gemüse und Rindfleisch aus dem Wok. Der rosa Champagner vor dem Essen fließt mir sofort in die Knie und macht faul. Das Huhn ist an einer Stelle roh. Es wird nachgegart und ist nun furztrocken. Die Pommes sind so heiß, dass ich mir den Gaumen verbrenne. Man hat wohl den ganzen Teller komplett in die Mikrowelle gestellt. Auf Nachtisch verzichte ich, obwohl dieses Essen auf den Veranstalter geht. Wie schon bemerkt: Ich bin Flan-geschädigt. Ein Probelöffelchen bei Bernhard bestätigt meine Entscheidung. Nie wieder Flan auf dieser Reise.

Inzwischen haben wir uns alle für die von Kati angepriesene Biber-Show bei Ushuaia angemeldet. Im Gegensatz zu Deutschland, wo Biber unter Naturschutz stehen, werden sie hier als

Plage bejagt. Im letzten Restaurant stand tatsächlich ein Biber-Carpaccio auf der Speisekarte. Ich bedauere, dass ich es nicht bestellt habe, denn ich habe es nie wieder gesehen.

Milonga

Nun haben sich doch alle geeinigt, abends zur Milonga zu fahren. Kati verfrachtet uns dreipersonenweise in Taxen, die hier auf der Straße angehalten werden müssen. Um 19:00 Uhr ist es noch heller Tag wie bei uns im Sommer. Aber hallo: Es ist ja Sommer, nur eben auf der anderen Seite des Äquators. Eintritt 100 Peso. Das Tanzlokal sieht auf den ersten Blick aus wie eine Turnhalle mit Bar. Es gibt eine viereckige Tanzfläche, an deren linken Seite ausschließlich Männer an kleinen Tischchen sitzen und rechts die Damen. Die Musik kommt vom Band. Sobald sie erklingt, erheben sich die Männer links und streben auf die Damen rechts zu. Wir sitzen an der Kopfseite. Hier gruppieren sich kleine Gesellschaften und ganze Familien-Clans mit Opa und Oma. Auch deren Damen werden erobert und mit stolzgeschwellter Brust zur Tanzfläche geführt. Und nach dem Tanz, der etwas von einem zahmen Gerangel hat, werden die Damen artig wieder zum Platz geführt. Eben wie Anno dazumal. Mehr als 50 Paare drehen sich zu rhythmusstarken melancholischen Tangoklängen. Die Damen und Herren sind alle nicht mehr besonders jung; einige schon ziemlich betagt. Fast alle Männer tragen Jackett, Krawatte und weißes Hemd, die Damen überwiegend Cocktailkleidchen mit Rüschen und Glitzer, in denen ihr Po-Rollen noch erotischer aussieht Und Pumps. Tolle Pumps.

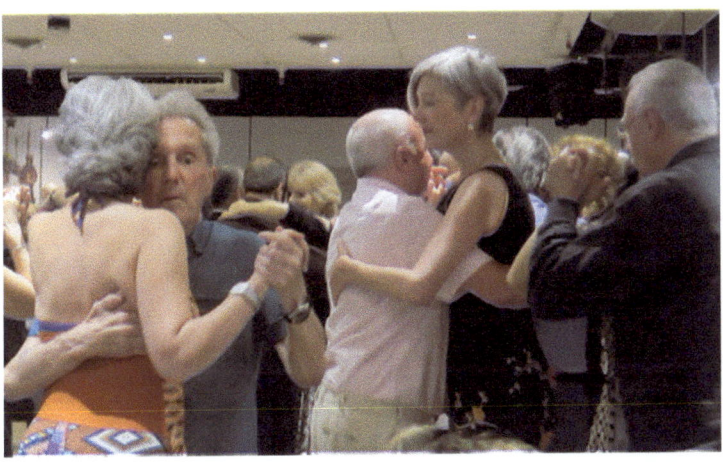

Das Bild erinnert wahrlich sehr an Tanzstunden in den 60er Jahren, nur dass die Herren damals nicht so tanzfreudig waren. Aber dies ist schließlich ein Saal zum Tango tanzen. Einige schaffen künstlerische Gesten und Umdrehungen. Wie gezügelte Stiere bäumen sie sich auf und treiben die Damen an. Einige der auch nicht mehr so jungen Mädels recken ihre Po weit nach hinten, wohl um der Berührung vorne auszuweichen; denn die meisten Herren pressen ihre Tanzpartnerin herrisch an sich. Mir fällt auf, dass die Damen ihren Tanzherren mit dem ganzen Arm den Hals umringen; anscheinend eine typische Geste beim Tango, egal ob man sich kennt oder gerade erst kennengelernt hat. Wir grinsen: Ein kleiner Mann hat eine Sitz-Zwergin erwischt, die nun – mehr als einen Kopf größer – sich müht, Wange an Wange zu tanzen, was wohl üblich ist. Doch er gibt nicht auf und schwenkt sie stolz hintereinander drei volle Tänze gefühlvoll durch den Saal, während sie wie ein Leuchtturm ein wenig pikiert darüber blickt. Aber auch dieser Blick ist beim Tango wohl ein Muss. Ich verfolge sie mit der Kamera. Und dann entwischen sie mir doch in die hinteren Gefilde. Wir trinken ein Glas Rotwein. Nach einer Stunde machen wir uns – wieder mit Taxen – auf den Heimweg.

Diese Nacht wird sehr, sehr kurz. Um 3:30 Uhr holt uns der Bus zum Flughafen ab nach Ushuaia, Feuerland. Kati kündigt an, dass es statt Hotelfrühstück auf dem Flughafen zwei Croissants und einen Becher Kaffee aus dem Budget geben werde. Da war es wieder dieses Gefühl, wir könnten zum Nachteil des Veranstalters über die Stränge schlagen. Unter uns rumort es. Nicht wegen der Croissants, sondern wegen dieser ständigen Betonung des Budgets. Irgendwie ist Kati da zwar ehrlich, aber wenig sensibel für uns. Betreut sie sonst nur Billigheimer? Außerdem: Ich mag keine Croissants.

Tag vier

Aufstehen um 2:40 Uhr. 3:30 Uhr Treffen in der Lobby. Den versprochenen Kaffee erhält nur derjenige, der am Tresen steht, wenn einer der Kellner zufällig vorbei kommt und die Ein-Portionen-Maschine bedient. Und das geschieht nur ein Mal in zehn Minuten. Es liegen ein paar Kekse herum.

Alfred und Uschi sind trotz der Aussicht auf eine sehr kurze Nacht doch noch ein Stündchen länger in der Milonga geblieben. Sie stehen aber pünktlich, wenn auch mit Spuren der Nacht (Creme im Gesicht) in der Hotellobby. Es klingt und sieht danach aus, als seien sie gar nicht mehr ins Bett gegangen. Als wir schon im Bus sitzen, merken wir, dass zwei fehlen: Manne und Ilse. Kati düst nach oben. Nach zehn Minuten steigen sie aufgekratzt aus dem Fahrstuhl. Ilse: „Wir haben den Wecker gehört, ihn ausgedrückt und weitergeschlafen." Also nichts wie rein in den Bus. Der Flughafen für Inlandsflüge soll nur eine Viertelstunde entfernt sein und Kati hat die

Zeitverzögerung vermutlich großzügig eingerechnet. Wir sollen uns nicht aufregen; das passt schon noch.

Flug nach Ushuaia. Wir reihen uns in eine gefühlt 200 Meter lange Schlange ein; sie reicht noch um eine Ecke bis in einen weiteren Raum. So klein ist der Flughafen gar nicht: 68 Check-In-Schalter. Für 200 Peso kann man gebrechliche Koffer in lindgrüne Folie einschweißen lassen. Kati organisiert mit Alfred Kaffee, Tee und die angekündigten Croissants aus der Tüte. Wir merken erleichtert, dass die vielen anstehenden Fluggäste nicht alle nach Ushuaia wollen, sondern sich auf viele Inlandsflüge im großen, großen Argentinien verteilen. Alleine 29 Abflüge innerhalb der nächsten zwei Stunden sind angekündigt. Nach einer Stunde stehen wir in der letzten Schleife vor dem Check-In-Schalter. Es ist 4:45 Uhr. Kati erreicht, dass wir in eine kürzere Schlange aufrücken dürfen. Die 3,5 Stunden Flug verbringe ich neben Jupp und Alfred. Hier kommt es zum Zwist mit Alfred und zwar so:
Jupp ist Betriebsarzt in Tübingen und über das Thema Essen (er ist Vegetarier) kommen wir auf Gesundheit und unweigerlich auf Borreliose, mein tägliches Thema als Patientenvertreterin. Ob er nun nur so tut, als wüsste er wie ich, dass die Routinediagnostik meistens versagt oder ob

er es wirklich weiß, bleibt mal dahin gestellt. Jedenfalls rede ich mich mal wieder richtig heiß über die Ärzte, über die Krankenkassen und erst Recht über die Politiker, da wirft Alfred den in meinen Augen blödesten Satz hin: Das könne man doch an einem Bluttest sehen, ob einer Borreliose habe oder nicht. Ich fahre ihm über den Mund und Jupp gibt mir Recht, weil ich schließlich auch Recht habe. Von da an redet Alfred zunächst nicht mehr mit mir. Ich kann nachempfinden, wie man sich fühlt, wenn man als Macho immer Recht haben will und von einer Frau gestoppt wird. Sorry, Alfred, du magst als Lehrer ja eine ganze Menge wissen, aber in Sachen Borreliose kann mir hier niemand die Geschichte vom Pferd erzählen. Und wir haben zwei Ärzte an Bord, die mir das bereits bestätigt haben. So viel nebenbei.

Ushuaia

Acht Grad Celsius, bedeckter Himmel. Ankunft in Ushuaia. Wenn ich geglaubt hatte, man könne von hier bis zur Antarktis schauen – so wie ich in der Straße von Messina in Richtung Sizilien schwimmen konnte – hätte ich zuhause doch mal auf den Atlas schauen müssen. Bis zur Antarktis sind es noch über 1000 Kilometer. Aber ein paar Schneebretter hängen schon auf den Bergspitzen, die den Beagle-Kanal säumen.

Die südlichste Stadt der Welt, zugleich Hauptstadt des argentinischen Teils von Feuerland, hat etwa 57.000 Einwohner. Auch wenn das zu Chile gehörende nahe Puerto Williams 15 Kilometer näher am Südpol liegt, kann es mit rund 2.000 Einwohnern nur als die südlichste Siedlung bezeichnet werden. Bedeutung hat der Ort trotzdem als chilenischer Militärstützpunkt. Die Grenze zwischen Argentinien und Chile verläuft jeweils über die höchsten Spitzen der Anden und über die tiefsten Punkte der Magellanstraße; danach hat man eine vertikale Linie nach Ushuaia und durch den Beagle-Kanal in Richtung Atlantischen Ozean gezogen.

Der Name „Ushuaia" entstammt der Sprache der Ureinwohner Yámana und bedeutet „Bucht, die nach Osten blickt". Bis weit ins 19. Jahrhundert war dies indianisches Territorium. Darum kämpften die auf dem Wasser lebenden Yámana und das zu den Patagoniern gehörende Jägervolk Selk'nam. 1869 errichtete der Engländer Reverend Thomas Bridges einen ersten Stützpunkt am Beagle-Kanal. Er versuchte die Indianer zu missionieren und ihnen europäische Lebensweise beizubringen. Aber statt dass sich die Eroberer integrierten, wurden die Indianer in Laufe der

Jahrzehnte in ihrem eigenen Land dermaßen integriert, dass selbst ihre Sprache völlig ausgestorben ist. Historiker sprechen von einem schleichenden Genozid.

In den 80er Jahren jenes Jahrhunderts wurde der Grundstein für die Befestigung der Stadt gelegt. 1904 entstand ein berüchtigtes Gefängnis für politische Gefangene, das bis 1947 betrieben wurde und heute zu besichtigen ist. Davon später. Die Gefangenen wurden herangezogen zum Bau einer Werkbahn, die dem Holztransport diente. Sie rattert für Touristen noch heute auf der ehemaligen Trasse. Auch davon später.

Ausgerechnet ein Deutscher, Gunther Plüschow, brachte den Anwohnern die Anbindung an Punta Arenas. Mit seinem Flugzeug „Silberkondor" setzte er 1928 das erste Luftpostpaket in der Bucht des Beagle-Kanals ab und wurde mit seinem Kompagnon Dreblow wie ein Staatsgast mit Blumen, gehissten Fahnen und Viva-Alemania-Rufen empfangen. Ushuaia blieb trotzdem über Jahrzehnte ein einsamer Außenposten. Erst als 1972 ein Gesetz für Förderung der Besiedlung erlassen wurde, das Unternehmen Steuererleichterung versprach, siedelte sich Industrie an; zumeist Niederlassungen japanischer Elektronikindustrie, die ihre Produkte noch heute vor Ort zollfrei an den Mann bringt. Weiterer Arbeitgeber waren und sind die argentinische Marine sowie der Staat mit über 1000 Beamten. In jener Zeit begann auch der Tourismus.

Heute ankern hier zwischen November und März Kreuzfahrtschiffe und Segler aus Europa und USA. Im Hafen werden die Gäste in vier Sprachen begrüßt. Sie werden gekapert mit An-

geboten zum Trekking, Fishing, Bird- und Walwatching, Mountainbiking und Exkursionen zum Studium der heimischen Kräuter- und Pflanzenwelt. Auch uns steht ja ein Ausflug in ein Biberreservat in Aussicht. Jupp und Cornelia planen, mit einem Helikopter Feuerland von oben zu sehen. Wir hören, das kostet das 500 Dollar.

Ankommen

Unser Hotel „Campanilla" liegt außerhalb. Etwa 20 Minuten geht es mit dem Taxi über unbefestigte Pisten. Riesig hohe Drempels (Schwellen) zwingen Schnellfahrer zum Abbremsen. Im Schritttempo klettern die Autos überaus vorsich-

tig über diese Schikanen. Selbst dabei setzt der Unterboden häufig knirschend auf.

In Gehweite des Hotels liegt ein Supermarkt, wo wir uns erst einmal mit Wasser, Cracker und Wein bevorraten sollen, meint Kati, weil ihr wohl bewusst ist, dass wir bei Hunger und Durst manchmal auch auf uns selbst gestellt sein werden. Also bunkern wir zusätzlich noch ein paar Äpfel und eine kleine Dauerwurst, die sich gut

pellen lässt. Ich werde Bernhard damit scheibchenweise in einer kleinen Plastikbox überraschen, in der ich ursprünglich die restlichen Physalis aus unserem Garten mitgebracht hatte. Unerklärlich bleibt uns ein Produkt im Kühlregal: Weiche viereckige Stücke einer braunen Masse, scharfkantig beschnitten und in Folie eingeschweißt. Wir tippen auf Walbeef oder Robbenspeck. „De Membrillo" klärt uns Kati später auf, ist keins von beiden, sondern schnittfestes Quittengelee. Es wird uns jetzt bei den Frühstücken immer wieder begegnen. In Argentinien scheint es viele Quitten zu geben.
Das Hotel sieht aus wie ein pinkfarbenes Schlösschen mit zwei Etagen. Die Giebel verziert mit hölzernen braunen Schnitzbändern, wie man es aus Norwegen kennt. Fenster und Türen braun eingerahmt. Die Außenfassaden tragen die Riffel feinen Wellblechs, das wir Tage später in Valparaiso an vielen Häusern sehen werden. Angeblich waren diese Bleche in früheren Jahrhunderten Ballast in den Schiffen, wenn sie leer Transportgüter abholten.

Jedes Zimmer hat einen eigenen Balkon oder eine Terrasse. Die Zimmerschlüssel und Türschlösser verleiten zum Stochern, denn sie besitzen keine eindeutige Führung. Das Schließwerk wirklich zu treffen, bedarf vorsichtigen Probierens und erzeugt jedes Mal ein Erfolgserlebnis, wenn es geklappt hat. Die Zimmer sind ein bisschen eng, aber auch puppenstubenhaft hübsch mit Deckchen, Kisschen, ein Standspiegel in Art Déco, verschnörkelte Lampen, exakt gefältelte halbhohe weiße Spanngardinen, schwungvolle Messing-Bettgestelle, ordentliche Matratzen und – wie schon in Buenos Aires – ein Bidet. Den Spülknopf der Toilette findet Bernhard versteckt an der Seite des Kastens.

Beagle-Kanal

„Zieht Euch bloß warm an", empfiehlt Kati für die Schiffstour auf dem Beagle-Kanal. Die Vorgänger-Gruppe soll elendig gefroren haben. Also sind Thermo-Hosen, gefütterte Stiefel und eine daunenwarme Unterjacke mit Kapuze noch unter meiner Klepperjacke angesagt. Auch Pudelmützen (aus Pellworm) haben wir dabei und warme Handschuhe.

Der Beagle-Kanal ist eine natürliche Wasserstraße zwischen Atlantik und Pazifik. Auf eine Länge von 240 Kilometer verbindet er die beiden Ozeane. Den Namen erhielt er vom Forschungsschiff HMS Beagle, das unter Kapitän Robert FitzRoy der 1831, 311 Jahre nach der Entdeckung der Magellanstraße, eine weitere

Ost-West-Verbindung fand. Zwischen zwei und 15 Kilometer breit ist dieses Wasser, dass man sich manchmal wie auf dem offenen Meer fühlt. Die verschneiten Anden-Ausläufer Cero Martial über Ushuaia sind nur schwer auszumachen. Es ist einfach zu diesig. Auch Ushuaia selbst versinkt am Heck im Dunst.

„Ushuaia-Explorer" heißt unser Schiff. Die meisten Leute drängeln auf dem Deck und suchen Spektakuläres für ihre Handy-Kameras. Okay – ein Leuchtturm zeigt sich. Ein paar tief fliegende, startende und landende Flugzeuge donnern über den Horizont. Das Flugzeug ist hier das üblichste Verkehrsmittel, bei den Entfernungen in Argentinien und Chile kein Wunder. Fast vier Stunden flogen wir von Buenos Aires hierher. Mehr als 2.000 Kilometer Luftlinie.

Auf einem Felsen drängeln sich Kormorane, auf einem weiteren Robben, farblich vergleichbar mit angeräucherten Leberwürsten. Bestialischer Gestank erfüllt das Lee. Während das Schiff die Insel umrundet, rennen die Passagiere von Steuerbord nach Backbord und zurück, um Fotos zu schießen. Mit Ach und Krach erheische ich den Blick auf drei Pinguine, die wie Fische pfeilschnell durchs Wasser jagen. Unerbittlich verharren die Gäste an der Reling und lassen die

Dahinterstehenden nicht vor. Ein paar Niederländer, die ich auf Deutsch bitte, mich auch mal vorzulassen, tun so, als hätten sie mich nicht verstanden. Dafür bedanke ich mich anschließend bei Ihnen auf Niederländisch. Sie starren mich blöde an.

Am Abend lernen wir die Spezialität Königskrabbe kennen. Optisch ist es ein gespenstisches rotes Wesen im Format 35 x 25 Zentimeter mit Zacken an Beinen und Armen. Wir müssen das Fleisch nicht herauspopeln wie bei Languste oder Hummer, sondern erhalten es als Ragout in verschiedenen Zubereitungen, die ich nicht recht beschreiben kann. Vermutlich übernehmen Gemüse und Gewürze die Rolle des Geschmacksträgers. Erstmals probieren wir einen als typisch bezeichneten Pisco sour, ein Cocktail aus 60ml Pisco, 30ml Limettensaft, 20ml Zuckersirup, drei Spritzer Armago Chuncho Bitters und ein halbes geschlagenes Eiweiß. Amargo Chuncho Bitters ist ein intensiv aromatischer nach Karamell, Zimt, Nelken, Kardamom und Toffee schmeckender Cocktail-Bitters aus Peru. Pisco wird uns praktisch vor jedem Essen angeboten, aber auch als Digestif.

Tag fünf

Obwohl wir ausnahmsweise heute mal länger schlafen konnten, bin ich früh wach. Autotüren klappen vor dem Haus. Stimmengewirr. Wer reist so früh schon ab? Später realisiere ich, es war nicht der Morgen, sondern noch die helle Nacht war, in der Gäste zurückkamen. Obwohl noch 1000 Kilometer bis zum Südpol sind, geht die Sonne sehr spät und nur für kurze Zeit unter.

Das Frühstück überrascht mit Leinsamenbrot, das Kati extra besorgt hat; dazu süße Teilchen mit Früchten und Pudding. Im Bus finden wir einen neuen Fahrer (Miguell) und einen Local-Guide (Gabriel). Heute ist Wandertag im Nationalpark Feuerland. Unterwegs zur Einstiegstelle werden wir wieder gebrieft. Dass ich hier nicht die Siebentausender der Anden sehen kann, wurde mir ja schon abgeschminkt. Sie liegen bei Mendozza auf der Höhe von Santiago. Aber auch dort sieht man sie nur selten, weil Santiago häufig im Smog versinkt.

Zwei wichtige Straßen verbinden den Norden Argentiniens mit dem Süden: Die Nummer 3 führt von Buenos Aires entlang der Ostküste 3.900 Kilometer bis nach Lapateia, im Süden von Ushuaia. Die zweite, die Ruta Nacional 40, durchquert den gesamten Westen Argentiniens mit Ausnahme Feuerlands. Mit 5301 Kilometern ist sie die längste Fernstraße der Welt. Sie führt durch Steppen riesigen Ausmaßes, so dass der Begriff „Pampa" die richtige Bedeutung in unserem Sprachgebrauch findet. Sie verläuft durch berühmte Weinanbaugebiete aber auch über hohe Andenberge, zum Beispiel einer der höchsten befahrbaren Straßenpässe, der Abra el Acay – fast 5.000 Meter hoch. Wegen der extrem unterschiedlichen Straßenbeschaffenheiten werden Teile der Route 40 als Teststrecken von Automobilherstellern benützt.

Nationalpark Terra del Fuego

Der Nationalpark Tierra del Fuego, 18 km von Ushuaia entfernt, wurde 1960 als damals erster Küstennationalpark Argentiniens gegründet und blieb für lange Zeit auch der einzige. Als Hauptziel sollte er den südlichen subantarktischen Wald schützen, aber natürlich auch Tourismus anleiern. Der Park erstreckt sich über 63.000 Hektar vom Mündungsbereich des Rio Lapataia bis zum Lago Fagnano im Norden, ursprünglich ein Arm der Magellanstraße. Zwischen diesen beiden Parkeingängen erstrecken sich sehr unterschiedliche Landschaftsformen des Subantarktischen Feucht- und Regenwalds. Wenn ich nicht wüsste, dass ich mich in Argentinien befinde, ginge der leicht ansteigende Weg auch für den Bayerischen Wald oder den Odenwald. Aber halt: Die Bäume sehen doch etwas anders aus. Sie heißen Lenga, lernen wir, und sind eine Buchenart. Wegen des rauen Klimas bilden sie meist nur dünne Stämme aus. Die dickeren wurden von den Insulanern entrindet, um aus der Rinde Boote zu bauen. Weil sie in jedem Frühling eine neue Rinde bilden, gehen sie an dieser Prozedur nicht zu Grunde.

Gleich bei der ersten Atempause sehen wir die Strafgefangenen-Bahn in der Ferne. Für ein näheres Foto müssten wir aber wenigstens 20 Minuten warten. Das wird uns abgeschminkt. Ich wäre geblieben, wenn ich folgende Geschichte eher gehört hätte. Stimmt es wirklich, dass ein gewisser Jaimee Button, Lokführer jener Bahn, Michael Ende die Vorlage zu „Jim Knopf" geliefert haben soll. Ist Lummerland in Wirklichkeit Feuerland? Eine Insel mit mehr als zwei Bergen ist Feuerland auch.

Also weiter. Normalerweise, so hören wir, herrschen um diese Jahreszeit Temperaturen von zehn Grad Celsius; heute sind es etwa 15, ideal zum Wandern. Die Sonne scheint und wir fühlen uns frühlingshaft. Wir erfahren, dass die Lengas hier nicht sehr alt werden. Das liegt einerseits an der dünnen Erdkrume. Nur etwa einen Meter reicht sie über den Felsuntergrund. Bei Stürmen können sie sich nicht festkrallen und fallen um. Und dann gibt es hier auch noch die „rote Fäulnis", wie einzelne abgebrochene Stämme verraten. Unter dem Rostrot brechen die Stümpfe auseinander und verrotten. Älter als 80 Jahre wird kaum ein Baum.

Mitten im Park hat einer übereilt seine Unterhose wechseln müssen und sie einfach auf dem Weg liegen gelassen. Gabriel schubst sie mit einem Stock unter einen Blätterhaufen. Wenig später erklärt mir Jupp seine Sammel-Leidenschaft für Kotztüten aus den Fliegern. Er gestaltet daraus Collagen zur von ihm so erfundenen „Brech-Art" (auf Deutsch „Kotz-Kunst"). Passende Beispiel zeigt er mir auf seinem Handy. Ein interessanter Typ, merke ich mir. Seine Leidenschaft gilt auch dem Erfinden von Krimi-Titeln für eine Freundin. Gemeinsam fachsimpeln und fabulieren wir des Weges, während es um uns vielstimmig zwitschert.

Und dann entdecken wir die Palomita-Orchidee, eine kleine weiße einzelne Blüte, die nun immer häufiger auftaucht und uns anbetungsartig zum Fotografieren auf die Knie zwingt. Wir mümmeln unsere geschenkten Müsliriegel. Preiselbeeren, so hoch wie bei uns Johannisbeeren, baumeln uns entgegen. Die brauchen noch ein paar Wochen zur Reife, schmecken aber schon wie unsere. An einigen Baumstämmen entdecken wir dicke Knubbel, eine Art Krebstumore, auf denen sich dann wieder orangefarbene Pilze in Form von runden Kugeln festsetzen. Die Einheimischen nennen sie „Indianerbrot". Klaus Bednarz schrieb in seinem Buch, er habe sie probiert und sei nicht dran gestorben. Ein Genuss soll es aber auch nicht gewesen sein.

Plötzlich geht ein Tuscheln durch unsere Gruppe. Ein Guanako wird gesichtet. Die kleine, vielleicht 1,80 Meter hohe Kamelart ist hier heimisch, ein paar Tausend soll es geben. Sie gehören hauptsächlich zum Beuteschema der noch überlebenden 65 Pumas. Sie landen aber in manchen Gegenden auch auf dem Teller der Restaurants. Scheu steht das Tier hinter einem Busch, vielleicht nur zehn Meter entfernt. Wir zücken die Kameras, während es einige Minuten unbeweglich zu uns rüberlinst, sich dann in Bewegung setzt und davon trottet.

Beim Abwärtssteigen hören wir fallendes Wasser, einen Bach, dem man das Gefälle anhört. Eine Wiese mit Löwenzahn und Gänseblümchen – zuhause nicht erwähnenswert – rahmt ein großes

Feld mit Waldbruch ein. Es stehen nur noch die grau-weißen Gerippe eines Wäldchens, als sei es abgestorben. Solche Öden hinterlassen Biber, von denen es hier so viele gibt, dass sie zum Abschuss freigegeben sind.

Wir landen am Lago Roca, ein kräftig blauer See mit Verbindung zum Beagle-Kanal. Der Parkplatz

ist Ziel von vielen Touristen. Es gibt ein überriechendes Chemie-Toilettenhäuschen und eine Stempelstelle für den Pass, dass man in der südlichsten Stadt der Welt gewesen sei. Allerdings kostet es hier Geld. Die Tourist-Info in Ushuaia macht das kostenlos, erzählt uns Kati; da könne man sogar noch unter vier verschiedenen Stempeln wählen.

An einem strömungsarmen Seitenarm ist für uns

ein weißes Zelt in Wabenform vorbereitet. Wir nehmen Platz. Teller mit Salami, Bierwurst, Käse und Brot laden zur Vorspeise ein. Danach gibt es einen köstlichen Gemüseeintopf mit Hühnchen, dazu Wein, Mate-Tee und Wasser. Unsere Gastgeber, zwei junge Männer, beginnen uns auf eine Schlauchboot-Tour vorzubereiten. Zwei Boote liegen schon auf dem Parkplatz bereit. Wir werden mit Gummistiefeln ausgerüstet und in zwei Mannschaften aufgeteilt. Die momentane Sorge, dass wir das alles noch nie gemacht haben und dass weder unser Segelschein noch der für Motorboote geeignet sei, Erfahrung einzubringen, ist überflüssig. In jedes Boot steigt hinten einer der Akteure als Steuermann. Und dann stechen wir in See.

Bernhard und ich sitzen wie immer in einem Boot. Anfangs staksen wir ziemlich hilflos im Kreis, aber das war die Absicht des Steuermanns, um uns klarzumachen, dass wir das Paddel alle gleichzeitig einzutauchen haben. Uschi übernimmt nun das akustische Signal: Und eins, und zwei, und drei, und vier, und fünf, und sechs, und sieben, und acht, und neun, und zehn – ein Stock, ein Hut, ein Regenschirm und vor-zurück-zur Seite-ran und eins…" Ich kenne den Reim aus meiner Kindheit und mache mit. Und tatsächlich geht unser Boot in Führung und erreicht als Erstes das Ufer. Doch damit nicht genug. Wir müssen das Boot um eine Stromschnelle tragen und steigen zur zweiten Etappe wieder ein. Erneut geht es eine halbe Stunde entlang grüner Wälder und sanfter Hügel, es hätte auch irgendwo an der Fränkischen Saale sein können. Doch am Horizont stehen Gebirge, wie wir sie nur am Alpenrand sehen würden. Die Ruhe ist beeindruckend. Uschis Kommandos und das Einstechen der Paddel bestimmen den Rhythmus unseres Herzschlags. Wir wechseln uns ab beim Fotografieren. Es darf immer nur einer aus der Reihe aussetzen, damit wir nicht an Tempo verlieren. Ehrgeiz ist geweckt, nun auch am Ziel die Ersten zu sein. Zwei, Cornelia und Sandra, sind nicht mit gepaddelt und erwarten uns mit Anfeuerungsrufen am Ufer der Lapataia-Bay, wo unser Kleinbus parkt. Dort belohnen uns die Begleiter mit einem Gläschen Legui, ein argentinischer Kräuterlikör.

In einiger Entfernung verläuft genau die schnurgerade Grenze von Chile nach Argentinien und liegt gleichzeitig das Ende der 3.079 Kilometer langen Route 3 von Buenos Aires bis zur Bahia Lapataia. Autofahrer und ein paar Biker fallen sich in die Arme und schießen Erinnerungsfotos. Sieht ein bisschen aus wie Route 66 in den USA. Kein Wunder; sie sind viele Tage, wenn nicht sogar Wochen unterwegs gewesen. Ohne Hotels, ohne Restaurants, nur ein paar Siedlungen von Schafhirten, vielleicht ein einsamer Kiosk und sonst nichts weiter als Steppe, Sandpiste, Bergpiste, sicher grandiose Ausblicke auf Berggipfel, Gletscher und wilde Ozeanbuchten, vielleicht sogar durch Eis und Schnee. Hier, an ihrem Ziel, beginnt der Parque Nacional Tierra del Fuego, der Nationalpark Feuerland.

Biber-Safari

Wir werden zurück gebracht ins Hotel. Nach anfänglichem Zögern sind nun doch alle für die Biber-Tour am Abend gemeldet. Was sollte man auch alleine im Hotel machen? Lesen oder Schlafen; dann schon lieber Biber. Es gibt weder ein Restaurant noch Bar im Hotel, auch keinen

Fitnessraum. Die Stadt Ushuaia ist acht Kilometer entfernt. Die überall in den Zimmern vorhandenen Flachbildschirme senden fast ausnahmslos in Spanisch. Große Freude, wenn wir irgendwo bei Kanal 300 und noch was BBC oder CBN finden. Aber auch deren Englisch ist so, dass man sich gehörig konzentrieren muss, es sei denn man ist regelmäßig in den Staaten und an Slang gewöhnt.

Abfahrt um 18:45 Uhr. Ein Kleinbus bringt uns über Ushuaia in den Dschungel bis an eine größere Holzhütte im Wald. Wieder erhalten wir Gummistiefel und die Ermahnung, uns wirklich absolut ruhig zu verhalten. Biber können schlecht sehen, aber hervorragend hören. Zwei Ranger, die hier das Biber-Reservoir behüten, wollen uns zeigen, wo die Biber ihre Dämme bauen. Im Gänsemarsch stapfen wir durch feuchte Wiesen, eine halbe Stunde lang; dann landen wir an einem See. An den Uferbäumen haben die Biber schon ganze Arbeit geleistet. Wie abgenagte Gerippe, wie unbewegliche Gespenster stehen die Baumreste in Hainen zusammen und kommunizieren nicht mehr. Wäre der Hintergrund nicht so natürlich, könnte man sie als anklagende Gruppe, als Mahnmal der Empörung bezeichnen. Fotografisch machen sie aber viel her.

Wir schreiten so leise wie möglich über kleine Brückchen und durch schmatzende Schlammlöcher und halten den Mund. Stille. Stille. Am lautesten plätschert das Wasser in mehreren Bächen vor sich hin und füllt glucksend unsere Stiefelabdrücke auf. An der Landzunge eines Sees halten wir inne und suchen uns eine Sitzgelegenheit. Die Spannung lässt uns das Atmen vergessen. Hier und da bricht ein Zweig; dann schauen alle in diese Richtung. Eine Mücke spukt um mein Gesicht und ich habe Angst, in meiner Andacht zerstochen zu werden. Als greife ich still nach meinem Rucksack. Das Öffnen des Reißverschlusses gleicht in der Lautstärke dem Rücken eines Möbelstücks. Ich ernte strafende Blicke. Pscht, zischt jemand. Da habe ich die Tube mit Insektenschutz gefunden. Bernhard nimmt sie mir aus der Hand und öffnet den lauten Schnappverschluss unter seiner Jacke. Ich tupfe mir ein bisschen Salbe ins Gesicht und auf die Hände. Später wird Alfred behaupten, ich hätte mit diesem Geräusch alle Biber verjagt. Es kommt natürlich keiner vorbei, um uns zum Beispiel anerkennend für unsere Disziplin die Hände zu schütteln.

Nach einer halben Stunde erheben wir uns wie nach Absprache aber wortlos nacheinander und folgen dem Ranger schweigend zu einer neuen

Stelle. Nun landen wir an einem weiteren See, der bereits durch einen Biberdamm gestaut ist. Wieder suchen wir uns leise Sitzplätze, während der Himmel sich schon zuzieht. Nur wenige Lichtstrahlen reichen über den Berg vor unserer Nase und spiegeln sich im Wasser. Auch hier raschelt und knackt es, Luftblasen steigen auf. Aber es passiert rein nichts. Dann sehen wir etwas, das aussieht wie eine schwarze Bademütze. Aber er riecht wohl den Braten, der Biber. Nein, riechen kann er nicht. Vielleicht hört er unseren Atem? Er ist wieder weg und kommt nicht mehr. Dann tippt mich jemand von Hinten an und zeigt nach rechts. Tatsächlich schwimmt eine schwarze Bademütze vom Ufer zur Seemitte und taucht unter. Ich halte die Luft an und warte. Wie lange schafft es der Biber? Plötzlich ist er wieder viel weiter rechts und schwimmt erneut zur Mitte. Gebannt fokussieren wir aufs Wasser. So muss es den Jägern am Loch Ness ergangen sein, nur dass unser Suchobjekt kein Ungeheuer, sondern ein relativ kleines Tier ist.

Die Tour wird lautlos abgepfiffen, in dem unser Ranger aufsteht und geht. Wir erheben uns und machen uns wieder im Gänsemarsch auf den Heimweg. Noch immer schweigend, still. Je näher wir an unsere Hütte kommen, umso gesprächiger werden wir. Bernhard sähe mit seiner gelben Cordhose, Stiefeln und seiner Schlägermütze nach Gutsherrenart aus, meint Isabel. Hmm! Ja, es war höchste Zeit. Es wird dunkel. Noch nach Tagen bestätigen wir uns gegenseitig, dass diese große Stille über zwei Stunden ein besonders beeindruckendes Erlebnis gewesen sei. Denkwürdig, bei uns Plaudertaschen.

In der Hütte entledigen wir uns erstmal der Gummistiefel. Es tut gut, wieder in normalen Schuhen herum zu laufen. Der zweite der Guides hat mit seinen Helfern schon alles für ein gutes argentinisches Abendessen hergerichtet. Zur Vorspeise gibt es die schon bekannten Empanadas. Wein und Wasser stehen auf dem Tisch. An den Löffeln sehen wir, dass auch noch eine Suppe serviert wird, ein schmackhafter Eintopf mit Linsen, Karotten und Hühnerfleisch, wobei nicht vergessen werden darf, dass es für Vegetarier immer eine Alternative gibt. Schließlich passt auch unsere Vegetarierin Kati auf, dass die Fleischverächter nicht zu kurz kommen. Später, bei der Rückfahrt im Bus, merkt man die lange Wanderung. Es bleibt ziemlich still.

Tag sechs

Der Abschied von Ushuaia ist eingeläutet. Bis 10:00 Uhr sollen wir die Zimmer freigeben und das Gepäck in einem Nebenraum deponieren. Bis zur Abfahrt zum Flughafen um 14:15 Uhr bleiben uns wenigstens vier Stunden. Am Ankunftstag hatten wir bereits den Hafen, die vom Tourismus boomende Hauptstraße San Martin mit Reisebüros, Souvenirläden, Sportgeschäften und Restaurants gesehen. Das berühmt-berüchtigte Gefängnis zieht uns an. Wir nehmen mit Kaspar und Undine ein Taxi.

El Presidio

„Noch um 1900 war Ushuaia ein gottverlassener Vorposten der argentinischen Marine", schreibt Klaus Bednarz. Nicht mehr als 300 Menschen hätten hier gelebt. Doch mit der Einrichtung des „Presidio" 1904 verdoppelte sich sogleich die Zahl der Einwohner. Mehr als 600 Häftlinge seien hinter dicken Mauern eingepfercht gewesen, etliche auch mit Eisenringen und Ketten an Händen und Füßen gefesselt. Um die Häftlinge auch arbeitsmäßig auspressen zu können, mussten sie für den Bedarf der Zivilbevölkerung schuften. Es gab Handwerker wie Schneider, Schuhmacher, Tischler, auch eine Wäscherei, eine Nudelfabrik.

Die Gefängnisfeuerwehr musste für ganz Ushuaia ausrücken, die Musiker des Gefangenenorchesters spielten in Sträflingskleidung auf Hochzeiten, bei der Ankunft von Passagierschiffen und bei Fußballspielen. Das „Presidio" erzeugte im eigenen Elektrizitätswerk den Strom für die gesamte Stadt und das gefängniseigene Telefonnetz wurde auf ganz Ushuaia übertragen.

Obwohl die Auswirkungen dieses Gefängnisses als Katalysator für die positive Entwicklung der Stadt angesehen werden darf, galten die Bedingungen für die Häftlinge als unmenschlich und zerstörerisch. Nur einem einzigen sei die Flucht gelungen, dem russischen Anarchisten Simon Radowitzky, der 1909 den Polizeichef von Buenos Aires in die Luft gesprengt habe. Radowitzky kam aber nicht weit in diesem Insel-Labyrinth

Feuerlands. Nur wenige Tage später wurde er erschöpft und halb erfroren aufgefunden und zurück gebracht. 1947 wurde das Gefängnis geschlossen. Heute stehen auf dem Gelände der sternförmigen Anlage Gebäude der Verwaltung und der Marine. Ein alter zweigeschossiger Zellentrakt ist zu besichtigen, teils im Ursprungszustand, teils als Antarktismuseum.

Am Eingang zeigen uns lebensgroße Metallfiguren, wie Häftlinge empfangen wurden. Ein Wärter mit scharfem Hund. Ein Wächter filzt einen Gefangenen. Auch uns trifft die Last der Ungerechtigkeit: Unser internationaler Presseausweis wird nicht akzeptiert. Wir haben zu zahlen.

Kaspar, Undine und wir beide gehen eigene Wege, aber wir treffen uns immer wieder auf den verschiedenen langen Gängen mit winzigen Zellen oben und unten. Im Bednarz-Buch las ich, dass dieser Geruch von schlechtem Essen, Schweiß, Urin und Erbrochenem noch heute ahnbar sei. So krass möchte ich es nicht beschreiben. Ich glaubte eher, verzweifelte Schreie und Weinkrämpfe zu hören und Tränen ohne Hoffnung zu spüren in diesen muffeligen feuchten Löchern, wie sie sich zumindest vor hundert Jahren angefühlt haben mögen. So ohne Perspektive sein Leben dahinfließen zu sehen, muss für einen Verdammten – schuldig oder nicht – die Hölle ohne Chance auf Erlösung gewesen sein.

Dem verfluchten Trakt entronnen, treffen wir in einem anderen Trakt auf eine Darstellung der Gefängnisse dieser Welt. Und im sich anschließenden Antarktis-Museum finden wir wieder Spuren von Günther Plüschow (1886 bis 1931), der im ersten Weltkrieg auf der deutschen Basis Tsingtau in China stationierte Flieger. Der gebürtige Münchner gilt als einziger deutscher Kriegsgefangener, dem jemals die Flucht aus Großbritannien gelang. 1919 schied er als Kapitänsleutnant aus dem aktiven Militärdienst aus. Und damit begann seine große Zeit als Entdecker und Forscher Patagoniens.

1927 unternahm Plüschow eine Expeditionsreise per Schiff nach Puntas Arenas in Chile, wohin wir auch noch kommen werden. Gleichzeitig ließ er sich auf einem zweiten Schiff ein Wasserflugzeug der Marke Heinkel HD24W in Kisten verpackt kommen. Der mitreisende Ingenieur Ernst Dreblow entwickelte sich zu seinem Expeditionsgefährten. Künftig flogen sie zusammen. Der erste große Flug ab Puntas Arenas war der bereits besagte Postsack für Ushuaia. In den folgenden Monaten überflogen Plüschow und Dreblow als erste Menschen die Darwin-Kordillere, Kap Hoorn und die Torres del Paine. 1929 kehrten sie nach Deutschland zurück und Plüschow veröffentlichte das Buch „Silberkondor über Feuerland". Ein Reprint ist wieder erhältlich. Ende 1930 kehrten beide zurück, um ihre Forschungsflüge fortzusetzen. Sie kamen am 28. Januar 1931 bei einem Absturz in den Brazo Rico, ein Arm des Lago Argentino, ums Leben.

Wir schauen auf die Uhr. Zeit, um uns auf den Heimweg zu machen. Kaspar und Undine sind auch wieder bei uns und wir suchen auf der Straße San Martin den angeblich ersten, vor Kurzem eröffneten, Imbiss, wo man seine Mahlzeit mitnehmen und zum Beispiel unten in der Hafenanlage verspeisen könnte. Ein mit einem panierten Rinderschnitzel belegtes Brötchen mit Käse und Salatblätter kommt uns gerade recht. Sie haben auch Empanadas, eine praktische Erfindung, die es auch in Spanien gibt: Fleisch, Thunfisch oder Gemüse gleich direkt in die Teigtasche gebacken.

Während ich die drei zum Hafen schicke und schnell noch einen Stempel in unsere Pässe besorgen möchte, verfranse ich mich total und laufe auf der falschen Straßenseite viele Blocks stadtauswärts. Ich frage und werde wieder in die San Martin geschickt, begreife aber schnell, dass es hier nicht war. Frustriert laufe ich hinunter zur

Hafenanlage mit der gefassten Einsicht: Na dann eben ohne Stempel. Doch hier werde ich belehrt, dass die Tourist-Info ganz nah am Hafen liegt – hatte ich auch gedacht. Also wird doch noch gestempelt. Ein Taxi bringt uns zum Hotel.

Fast alle stehen schon vor der Tür. Kati, Isabell und Manne erzählen begeistert von ihrem Aufstieg auf den Gletscher. Cornelias Augen leuchten, als ich sie nach dem Hubschrauberflug frage. Es muss beeindruckend gewesen sein, über die Inselwelt Feuerlands zu fliegen und Kap Hoorn von oben zu sehen. Ich kenne es leider nur von der Landkarte. Es hätte mich schon deshalb interessiert, weil ich den Ort der Namensgebung gut kenne: Hoorn (sprich Horen) in Nord-Holland. Kapitän Wilhelm Cornelisz Schouten benannte die gefährliche Südspitze Amerikas nach seinem Heimatort, als er sie 1616 zum ersten Mal umrundete. Nach vorsichtigen Schätzungen liegen hier, auf dem größten Schiffsfriedhof der Welt, mehr als 800 Wracks. Mindestens zehntausend Menschen hätten hier ihr Leben gelassen und beileibe seien das nicht seeuntüchtige alte Schiffe gewesen, sondern auch moderne Containerfrachter und Kreuzfahrtschiffe. Um diese Route vermeiden zu können, suchte und fand man schließlich 1520 die Magellanstraße (davon später) und 311 Jahre danach den bereits erwähnten Beagle-Kanal.

Flug nach El Calafate*

Dicke Staubwolken wirbeln vor dem „Campanilla", als wir auf den Bus warten. Unsere Freunde vom Biber-Revier bringen uns zum Flughafen. Flug 1691 mit einer Boeing 737-800 der Airline Argentina braucht nur eine Stunde. Alfred bietet von seinen Haselnüssen an. Sie schmecken wie die türkischen von ALDI. Bescheiden. Überaltert. Im Anflug sehen wir auf der rechten Seite den mäandernden Fluss Rio Santa Cruz und den Lago Argentino; mit 1.415 Quadratkilometern und einer Tiefe von 500 Metern der größte Frischwassersee Argentiniens. Ein riesiges Gletschergebiet, das teils auf Argentinischer, teils auf Chilenischer Seite liegt, speist ihn. Nach der Landung fahren wir 20 Kilometer am Lago Argentino entlang; blau, als habe der Liebe Gott hier seinen Tinten-Füller ausgewaschen. Alles Pampa mit Steppengras, das Mata Negra heißt. Ein weites, wenig besiedeltes Land.

Kati sagt

Kati weiß viel mehr als die verschiedenen Local Guides: 2,3 Einwohner pro Quadratkilometer. Wir reisen jetzt den sechsten Tag durch die unterschiedlichsten Landschaften. Zu jeder Gelegenheit liefert Kati aus dem Stegreif immer umfassende Informationen, ohne jeweils in irgendeine Unterlage zu sehen. Wege beschreibt sie so präzise, als lese sie Landkarten und Stadtpläne von einer imaginären Wand ab. Sie hat mit Unterbrechungen etliche Jahre in diesen Ländern gelebt und gearbeitet. Es gibt offensichtlich sehr, sehr wenige Fragen, die sie nicht beantworten kann.

El Calafate

Die Gründung von El Calafate, Provinz Santa Cruz, ist mit Las Vegas vergleichbar. Ein Ort mitten in die Pampa gesetzt. Hier, um den Tourismus zum Gletscher zu fördern. Dazu der neue Flughafen, Hotels, Restaurants, Banken, Wechselstuben. Eine Tourismusmaschinerie, die sich auszuzahlen scheint. Tagsüber ist nicht viel los, weil sich alle am Gletscher tummeln. Ein, zwei Übernachtungen und dann fliegt man zurück oder weiter, wie wir.

Ursprünglich war El Calafate ein Versorgungspunkt für Wolltransporte der umliegenden Estancias. 1927 wurde der Ort ganz offiziell von der argentinischen Regierung gegründet, um die Besiedelung der ziemlich öden Region voran zu treiben. Mit der Gründung des Nationalparks Los Glaciares 1943 und der Einrichtung der

Verwaltung in El Calafate begann der Aufstieg des Ortes, der bis dahin etwa 100 Einwohner hatte. Heute sind es rund 17.000.

Der Tourismus rollte an. Alle wollten den Gletscher sehen, an den man sonst nirgends so nah und einfach über eine Straße herankommt. Also baute man Hotels, eine Stromversorgung und befestigte Straßen. 2000 wurde der Flughafen eröffnet. Mehrmals täglich gibt es nun Flüge von und nach Buenos Aires, Ushuaia und dem rund 1500 Kilometer entfernten Bariloche. Dieses eigene Urlaubergebiet am Fuße der Anden in der Provinz Rio Negro bietet sparsamen Touristen Tagesausflüge mit dem Bus zum Gletscher an. So eine Fahrt auf der Nationalroute 40 dauert an die 17 Stunden. Nach dem Gletscherbesuch geht es sofort wieder im Bus zurück. Eine ziemliche Tortur.

Das Hotel Kapenke bietet uns noch kleinere Zimmer als bisher. Die einzige frei erreichbare Steckdose zum Handy-Aufladen befindet sich im Badezimmer. Bernhard hat wie immer Mehrfachstecker mit mehreren USB-Buchsen dabei. Alles paletti. Noch einmal suche ich fast verzweifelt nach unseren in Buenos Aires geschriebenen Postkarten und finde sie tatsächlich. El Calafate ist der letzte Ort, wo unser teures argentinisches Porto noch Gültigkeit hat. Bernhard hat sowieso nicht mehr zu schreiben, als seinen Servus. Die freundliche Dame an der Rezeption verspricht, die Karten zur Post zu bringen. Die Karten kamen übrigens sechs Wochen nach unserer Heimkehr an.

*Calafate heißt ein Strauch der Gattung Berberitzen. Wir sehen die noch blauen Beeren auf verschiedenen Wanderungen. Im reifen Zustand werden sie zu Marmelade und Likör verarbeitet.

Uns ist eine typische argentinische Fleischmahlzeit versprochen. Das Restaurant „Don Pichou" direkt über dem Lago Argentina liegt wirklich traumhaft. Als Appetitanreger werden sauer eingelegte Linsen und köstliches frisch gebackenes Weizenbrot gereicht. Während die Sonne nur zögernd hinter den Bergen verschwindet und das Blau des Sees unter uns ruht, werden Fleischmassen aufgetragen, die uns Staunen machen. In einer Restaurantecke sehen wir erstmals hinter Glas einen typischen runden Lamm-Grill, auf dem ganze Lämmer aufrecht im Kreis um die Feuerstelle schmurgeln. Die Mixed-Grillplatte wird auf kleinen Tischgrills mit glühenden Holzkohlen serviert. Darauf türmen sich riesige Fleischfetzen von Schwein und Lamm mit Knochen und Hühnerbrust und brutzeln weiter vor sich hin. Vom bestellten „medium" keine Spur.

Die Hühnerschnitzel sind furztrocken und ungenießbar. Wir wissen zwar inzwischen, dass Fleisch in Argentinien anders zugerichtet wird als in Europa, dass gegrilltes Fleisch nicht automatisch ein in Scheibe geschnittenes Steak ist, sondern ein „Trum", aber den überzogenen Garzeitpunkt lassen wir von Kati auf Spanisch schon reklamieren. Man verspricht Nachliefe-

rung. Und die kommt auch bald und landet ebenfalls auf dem Fleischberg. Wir essen tapfer. Wir kauen brav. In unserem Inneren begraben wir die Vorstellung von einem guten saftigen marmorierten argentinischen Steak von einem in der Pampa freilaufenden Rind. Das meiste bleibt liegen.

Was uns gut mundet ist wieder der Wein. Malbec.

Am heutigen Abend ist es einer vom 39. Breitengrad, der in der Provinz Rio Negro (südliches Zentralargentinien, aber schon zu Patagonien gehörend) wächst. Wir sind begeistert.

Tag sieben

Abfahrt um 8:00 Uhr in den Nationalpark Los Glaciares (UNESCO-Welterbe) zum Gletscher Perito Moreno, benannt nach einem argentinischen Geografen. Hinter uns liegt eine sehr warme Nacht. Obwohl das Fenster die ganze Nacht offen stand, ertappte ich mich mehrmals ohne Zudecke. Die Sonne am Vortag hatte nicht nur die Straßen, sondern auch die Zimmer mächtig aufgeheizt. Nur widerwillig ziehe ich meine Thermo-Jeans und gefütterte Stiefel an. Rund um den Gletscher soll es hübsch kalt sein.

Weil in dieser Region die Feuchtigkeit von den Anden-Kordilleren abgesaugt wird und die Luft dadurch am Fuß der Berge sehr trocken ist, empfiehlt uns Kati fleißigen Gebrauch eines Fettstiftes für die Lippen. Wer das missachte, werde das noch Tage danach mit ewig aufgesprungenen Lippen bereuen. Sie empfiehlt uns auch eindringlich, das Gesicht mit Sonnenlotion zu schützen, auch wenn es nur etwa zehn Grad in der Sonne sind. Wir nehmen ihren Rat sehr ernst.

Im Bus begrüßt uns Local-Guide Veronica, eine hübsche aufgeweckte junge brünette Dame. Sie spricht ein gut verständliches Englisch. Uschi moniert aber zu Recht, dass in der Reisebeschreibung deutsche Reiseleitung angekündigt war. Wenn ich nicht seit Jahren jeden Dienstag zur Volkshochschule tigern würde, hätte ich auch Verständnisprobleme. Veronica ist lieb und spricht ab da nur noch sehr langsam. Irgendwann meint Kati, sie könne natürlich auch diese Begleitung in Deutsch machen, aber das sei ihr zu anstrengend, zwölf Stunden nur zu reden; dafür gäbe es ja die Local Guides. Punkt.

Während wir die rund 80 Kilometer zum Gletscher zurück legen, erfahren wir viel Wissenswertes über die Region. Dass die Hochsaison von Oktober bis Februar sei, dass es viele Saisonarbeiter gebe, die nur für sieben Monate hier seien, aber auch viele blieben. Deshalb sei die kleine Stadt ja so schnell gewachsen. Vor allem gäbe es hier viele Kinder, gluckst sie. Den Rest dürfen wir uns denken. Das Land um El Calafate sei nur für die Schafzucht geeignet. Die größte Farm habe 60.000 Hektar für 20.000 Schafe.

Über 100 Jahre habe sich niemand von der Regierung um Patagonien gekümmert, bis man begann, Land kostenlos zu verteilen an

Einwanderer aus Dänemark, Deutschland, Norwegen, Schweden, die hier Schafe züchten wollten. Und dann fallen sie uns auf, die vielen Drahtzäune. Sie wurden schon mehrfach den Schafen zur Verhängnis, wenn plötzliche Schneefälle das Futter unerreichbar machen und die Schafe nicht in höhere Regionen fliehen können. Der Begriff „Weißes Erdbeben" kennzeichnet Ereignisse wie etwa 1995, als riesige Schafherden unter dem Schnee erstickten und erfroren, weil sie wegen der Zäune nicht in höhere, schneeärmere Lagen ausweichen konnten. Größere seien darüber gesprungen, aber die jungen Lämmer und schwächeren Tiere hätten sich dabei verletzt und seien elend zu Grunde gegangen. Die Zäune seien der Grund, warum man die patagonischen Schafe nur, wenn es wirklich nicht anders geht, im Winter im Freien lässt, wie sie es gewohnt seien.

Veronica weiß viel über das Land. Und wie sie es uns nahebringt, zeigt ihr inneres Bedürfnis, dass wir es nicht einfach konsumieren wie Touristen, sondern verstehen und in der Landschaft lesen. Zum Beispiel dass wir wissen sollen, dass alle Pflanzen und Bäume in El Calafate künstlich gepflanzt wurden und bewässert werden müssen. Die natürliche Vegetation taugt nur zur Schafzucht. Weil sich die pazifischen Winde auf Chiles Seite abregnen, herrscht hier in der Regel große

Trockenheit. Die Temperaturen schwanken zwischen acht Grad am Gletscher und 30 Grad in Calafate. Das nennt man Reizklima.

Auf der Weiterfahrt zum Gletscher wird es jetzt grüner. Endlich sehen wir Schafe und einige Kühe. Die in unserer Vorstellung riesigen Rinderherden gibt es nicht. Sie werden inzwischen wie in Europa in Massenhaltung zur Steakreife gebracht. Dann beginnt sogar ein Laubwald mit den schon bekannten Lengas. Hier in der Nähe sei die Gedenkstätte, wo Günther Plüschow (siehe Ushuaia) mit seinem Partner abgestürzt ist.

Der Perito Moreno Gletscher

Er ist mit 30 Kilometern Länge und durchschnittlich fünf Kilometern Breite nicht der größte, aber einer der größten von 300 Gletschern im gesamten Campo de Hielo Sur, dem wiederum größten Gletschergebiet (350 Kilometer lang) der südamerikanischen Anden. 30 Prozent davon liegen in Argentinien, 70 Prozent auf chilenischem Gebiet. Während in Chile die Gletscher direkt in den Ozean entwässern, entleeren sie sich in Argentinien in Flüsse und Seen.

Mehrere Besonderheiten zeichnen Perito Moreno aus: Er ist mit Autos und Bussen gut erreichbar, während man für andere ein Schiff besteigen müsste. Außerdem verändert er seine Größe nicht, er wächst täglich etwa zwei Meter. Was Vorne abbricht, wächst Hinten nach. Zudem umgibt ihn das gesamte Jahr ein gleichbleibendes Klima.

Bei unserem Besuch ist der Gletscher so weit angewachsen, dass er die Magallan-Insel berührt und den Abfluss in den Brazo de los Tempanos blockiert. Veronika erklärt uns, dass die unterirdisch ablaufenden Gletscherwasser mit der Zeit eine Art Tunnel in diesen Eisriegel schmelzen. Wenn der Tunnel einstürzt, kommt es zu einem abrupten Wasserschwall, der den Lago Argentino sichtbar, um bis zu sieben Meter ansteigen lässt. Aber heute sei damit noch nicht zu rechnen.

Der Bus parkt an der Hosteria Los Notros, ein Ensemble aus Souvenirladen, Cafeteria mit Eisverkauf und Toiletten sowie Tischen und Stühlen im Freien. Klar, für die Argentinier ist Sommer. Und an dieser Stelle ist es angenehm warm. Das wird sich ändern, wenn wir uns dem Gletscher nähern.

Als Erstes bringt uns ein Boot für 22 Euro an die 350 Meter breite Abbruchkante. Die 72 Sitzplätze im Schiffsbauch bleiben weitgehend unberührt. Alle stehen bibbernd auf Deck und blicken zur Gletscherkante, die wie eine etwa 60 Meter hohe Rüschengardine von Insel zu Insel verläuft. Unter Wasser sei das Eis noch einmal hundert Meter tief, sagt man uns. Von Weitem könnte man diese Eisfront glatt für ein Verpackungskunstwerk von Christos halten, wie ein gefältelter Vorhang. Die Schiffsbegleitung erinnert uns per Lautsprecher daran, beim Fotografieren von Personen mit dem Gletscher im

Hintergrund grundsätzlich zu blitzen, sonst sind die Gesichter schwarz. Die glasklare Luft riecht hygienisch sauber und pfeift uns scharfkalt um die Ohren.

Das Eis schimmert in verschiedenen Blau-Schattierungen, das hänge mit dem Druck und der Sauerstoffdichte im Eis zusammen, erklärt man uns. Das Blau ist teilweise so kräftig, als habe ein Hubschrauber königsblaue Tinte versprüht. Ab und zu klatscht ein Eisbrocken ins Wasser. Aber es passiert nicht viel, wie ich es zum Beispiel aus Grönland kenne, wo Eisbrocken so groß wie ein Kaufhaus ins Wasser donnern und sich auf die Reise über den Atlantik machen. Kati ist fast beleidigt, weil ich mit diesem Erfahrungshintergrund nicht wegen jedem Eisbröckelchen vor Begeisterung in die Luft springe. Der Skipper bemüht sich aufrichtig aber vergebens im Rückwärtsgang mit seiner Schiffsschraube etwas Unruhe in den Eisvorhang zu bringen.

Zurück am Anlegeplatz fahren wir zur Plattform „Sentido de la costa blue Trail" und werden nun auf eigene Faust losgelassen, den Gletscher zu erobern. Schon vom Wasser aus sahen wir rotbraune Steige, Geländergerüste und ein richtiges Treppensystem, das mit vier farblich markierten Wegen an verschiedene Stellen der Gletscherkante führt. An einem Plan erläutert uns Veronika die besten Wege, um zu den schönsten Aussichtsterrassen (Balkonies) zu gelangen und trotzdem bis zum vereinbarten Treffpunkt wieder am Bus zu sein. Picknickbeutel mit einem Sandwich-Brötchen, Müsliriegel, Äpfel und Wasser erhielten wir schon im Bus. Die gefühlten zehn Grad fallen im grellen Sonnenschein sommerlich aus. Trotzdem kaufe ich Bernhard im Souvenirladen schnell noch einen Schal, weil er seinen vergessen hat. 110 Peso, also etwa 6,66 Euro für ein Grün-Gelb-Schwarz-Polyester-Etwas. Hauptsache warm. Ich kann in Euro bezahlen und erhalte Peso zurück. Doch durch das viele Auf und Ab über die Treppen wird uns schnell warm und wir tragen unsere Parkas um die Hüfte.

Es mögen an die zweihundert Leute unterwegs sein. Und das ist sehr, sehr wenig, denn noch haben die Sommerferien in Argentinien nicht begonnen, aber sie stehen kurz davor. Mit Grausen stelle ich mir vor, dass sich hier zehn Mal so viele Menschen um einen Aussichtsplatz drängen, während wir jetzt auf allen Terrassen freie Sitzplätze finden, um unsere Brötchen zu verdrücken. Es erscheint alles so intim, dass man sogar Fremde von einem Balkony auf dem nächsten wiedererkennt. Insofern war unser Reisezeitpunkt gut gewählt. Klar steigen danach auch die Hotelpreise und wird es enger auf den Straßen und in den Restaurants. Gut, der Veranstalter wird wissen, warum wir jetzt da sind und nicht später im Jahr.

Vom Wasser her sah der Gletscher wie eine Gardine aus. Jetzt, von oben, liegt er wie ein ausgerollter Flokati-Teppich zu unseren Füßen. Seine Oberfläche sieht aus wie ein unregelmäßiger Streuselkuchen. Man ahnt, dass die Täler zwischen den Streuseln nicht einfach nur Dellen, sondern gefährliche Eisspalten sind. Von links schiebt er sich von den Andenbergen herunter und nach rechts bricht er ab in den türkisfarbe-

nen Brazo de los Tempanos, ein Zufluss zum Lago Argentino. Das alles nicht spektakulär, sondern nur mit leichten Klitschern. Beeindruckender dröhnen da schon seine inneren Strukturen. Lautes Krachen, als wenn ein Haus einstürzt. Ein Knall, als wenn eine riesige Glasscheibe zerspringt, oder wie ein Schuss mit Echo. Dann anschwellender Donner wie von einem heran grollenden Gewitter oder wie eine gewaltige Tsunami-Welle, die auf uns zurollt. Zu sehen ist dabei gar nichts.

Auch hier blüht die „Hundeorchidee" Palomito-Orchidee. Neu ist für uns der Feuerbusch mit seinen knallroten fedrigen Blüten. Wir sahen ihn schon bei der Anfahrt von El Calafate. Am Mirador Los Supiros planen wir den Kauf einer Landkarte; wir wollen dieses Gebiet zuhause genauer nachverfolgen können. Hinter dem Gletscher erhebt sich der Pietrobello bis auf 3.000 Meter. Weitere Berge heißen Teniente Iglesias (2130), Dos Picos (2053) Mal sehen, ob wir sie später auf den Fotos noch identifizieren können.

Um 14:30 Uhr sollen wir zurück sein. Es sind alle da, mit rot leuchtenden Gesichtern, nur wir haben uns mehrfach eingecremt Die einen trinken im Freien noch einen Kaffee, ein Bier, einige holen sich ein Eis. Dann geht es mit dem Bus die gleiche Route zurück. Vor der Stadt besuchen wir den Vogelpark Laguna Nimez. Ein Naturreservat der Stadt, in dem sich typische Vögel Patagoniens versammeln. Ein markierter Weg führt um einen See, in dem sich kräftig rot gefärbte Chilenische Flamingos so zentriert aufhalten, dass man sie von allen Seiten gleich schlecht fotografieren kann. Okay, es reißt uns nicht von den

Beinen, was wir hier zu sehen bekommen: Gänse, sehr große patagonische Wildgänse, Enten, Haubentaucher, Schwarzgesicht-Ibisse, die seltenen Schwarzhals-Schwäne, die meisten Arten kennen wir sowieso nicht. Aber es ist ein netter entspannender Walk inmitten quirligem Gezwitscher. Und wir finden es sinnvoll und bemerkenswert, dass sich junge Leute der Bewahrung dieses Reservates annehmen. Ein erfreulicher Aspekt, wenn man bedenkt, dass diese Stadt nur für den Gletscher-Tourismus aus dem Boden gestampft wurde.

Zurück im Hotel verabreden sich einige, mit Kati zu Fuß ein Restaurant zu besuchen, das von den Touristen noch nicht entdeckt wurde. Hier gebe es noch richtige Hausmannskost ohne Schickimicki. Nach den langen Märschen heute wären wir zwar besser mit dem Taxi gefahren. Bernhard mault an jeder Ecke. Und auch ich spüre meine Füße. Kunststück, dass Kati so gut zu Fuß ist: Sie begleitete uns nicht auf der Gletschertour. Schließlich war sie erst vor zwei Wochen hier und davor sicher schon sehr oft.

Das „Pura Vidae" (klingt wie reines Leben) ist ein wirklich sehr gemütliches Restaurant mit verschiedenen Ebenen. Wir sitzen etwas hart um einen großen quadratischen Tisch in einer tiefer gelegten Nische. Auf der Speisenkarte finden sich überwiegend Aufläufe mit Fleisch, Gemüse und auch rein vegetarisch. Serviert werden sie fast alle in ovalen Auflaufformen unter einer mit Parmesan überbackenen Decke aus Kartoffel- oder Kürbisbrei. Wirklich lecker. Dafür lasse ich jede Grillplatte stehen.

Tag acht

Der Bus holt uns samt Gepäck um 8:00 Uhr ab. Heute wollen wir mit dem ganz offiziellen Überlandbus über die Chilenische Grenze nach Puerto Natales fahren. Aha, hier kommen also die Fernbusse aus Bariloche an. Als Begrüßung an der Busbahnhofsfassade gibt es sogar ein Willkommen auf Deutsch. Wir sind nicht die Einzigen. Zwei Busse stehen bereit. Ein doppelstöckiger Bus füllt sich langsam. Eine Hunde-Gang, die hier herumbettelt, kabbelt sich erst und verfällt dann in eine wilde Beißerei, bis sie ein Mann wegscheucht. Ein paar der Vierbeiner drängeln sich an die Hauswand und bewerfen uns mit dem berühmten Biafra-Blick: Vier Wochen nichts zu fressen und nur Schläge.

Kati sammelt unsere Pässe ein. Ja, die Pässe. Sie sind überall sehr wichtig, wo wir auch angekommen. Ob es stimmt, dass die Abfertigung so lange dauert, weil die Beamten die Pässe mangels Kopierer abschreiben müssen? Wir steigen in den einstöckigen Bus und sind ganz froh darüber. Denn im Zweistöckigen hat man nur oben eine gute Aussicht. Die unten sitzenden Passagiere bekommen von der Landschaft nicht viel mit.

Die Sitze sind bequem, haben Anschnallgurte (Pflicht) und verstellbare Rücklehnen. Der Busfahrer im gepflegten blauen Hemd sieht ausgeschlafen und vertrauenserweckend aus. Bernhard und ich sitzen gleich in der zweiten Reihe. Alfred und Uschi sitzen auf der rechten Seite. Ich kann es mir nicht verkneifen hier aufzuschreiben, dass seine Unterhose hinten aus der Jeans blitzt: Calvin Klein. Also ein Typ für Marke. Bernhard sucht mal wieder seine Sonnenbrille.

Wir sind darauf vorbereitet, dass wir alles Essbare bis zur Grenze verschnabuliert haben müssen. Chile duldet es nicht, dass man Lebensmittel, womöglich Fleisch, Wurst oder Gemüse und erst recht nicht Samen mitbringt und damit das Land verseucht. Angeblich werde an der Grenze gründlich gefilzt, sogar mit Hunden, die Lebensmittel durch den Koffer erschnüffeln.

Unsere Vorräte sind überschaubar: zwei Äpfel und ein paar salzige Cracker sind griffbereit, um sie vor der Grenze aufzufuttern. Die verschiedenen süßen Snacks, die sich auf den Flügen angesammelt haben, hinterließen wir dem Zimmermädchen, natürlich mit dem obligatorischen Fünf-Euro-Schein. Auch der Kofferträger im Hotel, der uns just an der Zimmertür erwischte und ohne viel zu fragen unsere beiden Trolleys die eine Treppe hinunterhievte, bekam seinen Fünfer zugesteckt. Wir hatten davon eine schnell zugreifbare Sammlung mit Gummiring fixiert angelegt: jeder 14 Stück.

Kati berichtet von ihrer Nachrichten-App: Fidel Castro sei gestorben. Und die US-Wahl solle neu ausgezählt werden. Was Trump im Fall von Clintons Sieg angekündigt hat, machen nun die Demokraten wahr. Jippy.

Draußen zieht die Steppe an uns vorbei. Eine gerade, endlos wirkende Straße bis zum Horizont. Rechts und links Pampa und die bekannten Drahtzäune, kaum Tiere, ein paar Hügel, eine Ranch in der Ferne. Die Vorausahnung auf eine lange, langweilige Busfahrt nach Chile inspiriert mich, meine Gedanken über unsere Reisegenossen etwas genauer auszuformulieren.

Da ist also Alfred, manchmal Alfredo genannt, der gleich nebenan sitzt und einhändig auf seinem Laptop spielt. Ich schätze ihn so alt wie mich, auch wenn er sich jünger gibt. Eine Art Spätrocker: schlank, drahtig, meist mit einem eng anliegenden schwarzen Shirt unterschiedlicher Armlängen; vermutlich Funktionsmaterial, das man täglich auswaschen und mit dem Föhn trocknen kann. Seine ergraute lockige Mähne bändigt er unter einer schwarzen Baseball-.Mütze mit dem Aufdruck ITHAKI ISLAND. Wie ich jetzt weiß, wird er sie in den nächsten Tagen irgendwo liegenlassen und ihr nachtrauern. Beruf Lehrer. Nach seiner Pensionierung habe er sich mit Moshe Feldenkreis beschäftigt, als Coach, was immer damit gemeint ist. Später sehe ich im Internet, dass er als „Motopäde" Menschen auf den Spuren kindlicher Entwicklung anleitet, das Körperspüren, Körpererleben und die Bewegungserfahrungen in den Mittelpunkt zu stellen. Beeindruckend. Hätte ich das eher gewusst, hätte ich ihn realistischer einschätzen können. Aber das wollte er wohl nicht.

Alfred stammt aus Marburg und hat anscheinend wilde Studentenzeiten hinter sich. Ziemlich früh auf unserer Reise meldete sich auch Kaspar beim Stichwort Marburg zu Wort. Der heutige Allgemeinmediziner hat dort studiert. Voller Inbrunst befeuern sich die beiden über ihre Kneipengänge, werfen sich Namen von Studentenkaschemmen zu bis in die untersten Ebenen: Kellner. Kofferträger. Es hört sich an, als seien beide zur gleichen Zeit ihrer Jugend um die gleichen Ecken gezogen und das Leben sei ein einziger Suff gewesen.

Uschi, Alfreds anscheinend nicht Angetraute seit 30 Jahren, zieht bei diesen Sprüchen öfter mal die Augenbrauen hoch, während sich Kaspars Frau Undine, eine Wienerin, elegant zurück hält. Später berichtet Uschi, dass sie und Alfred glücklich getrennt leben würden und Alfred erzählt, dass sich Uschi erfolgreich von ihrem früheren Leben habe scheiden lassen. Von Zeit zu Zeit scheint sich Uschi von Alfred räumlich zu distanzieren. Ist er ihr peinlich? Dann geht sie weit hinter ihm oder sogar auf der anderen Straßenseite.

Uschi ist eine sehr große Person mit halblangen rötlich-braunen dichten glatten Haaren, schwungvoll nach innen geföhnt. Ihre Stupsnase gibt ihr etwas Mädchenhaftes; sie ist sehr schlank und hatten einen festen, fast jungenhaften Po. Sie macht auf mich den Eindruck, dass sie die Kapriolen von Alfred nur aus langer Gewohnheit erträgt. Vermutlich ist Alfred zwischendurch zärtlich und mitfühlend, wenn er sich nicht vor

Publikum mit Wichtigtuerei und jugendlichem Gehabe produzieren kann.

„Prohibido quitarse el calzados", steht auf einem Schild neben der Sonnenblende des Busses. Aha: Es ist verboten die Schuhe auszuziehen. Das weckt Assoziationen, welchen Gerüchen so ein Busfahrer manchmal ausgesetzt sein mag. Nach etwa zwei Stunden halten wir bei laufendem Motor und sehen nicht, warum. Ich flitze zur Bustoilette. Sie ist erstaunlich geräumig in der hinteren rechten Ecke. Die Klobrille geht automatisch nach oben und muss durch Sitzen heruntergedrückt werden. Kein Papier. Man hat ja immer ein Tempo bei sich. Gottseidank gibt es einen Haltegriff; den brauche ich auch, weil der Bus kraftvoll losfährt.

12:30 Uhr. Wir sind an der Grenze in Dorothee, aber noch immer in Argentinien. Auf der linken Seite sehen wir ein mehrere Kilometer langes Förderband. Rohrpost für Beamte, meint jemand. Schnell werden die letzten Brötchen gemampft. Es darf nichts Essbares eingeführt werden. Vor allem Samen sind streng verboten. Die Chilenen haben Sorge, dass fremde Pflanzen ihr Land verunreinigen könnten. Sind Mandeln Samen? Unsere Schokolade mit Mandeln sollen wir besser deklarieren, meint Kati, was wir auf einem ausgegebenen Formular mit „Si" auch tun. Falls diese Schokolade nicht erlaubt ist, wird sie uns zwar weggenommen, aber wir müssen keine Strafe zahlen. Unsere Pässe erhalten einen Ausreisestempel. Aber das alles dauert und dauert. Cornelia erzählt, dass sie bei der Einreise nach Israel wegen eines kleinen Päckchens Badesalz (aus dem man Sprengstoff konstruieren könne) bis auf die nackte Haut gefilzt wurde. Meine eigene Geschichte, als ich damals als vermeintlich RAF-Sternebeck am Flughafen Nürnberg festgenommen und ebenfalls bis ins Nackige untersucht wurde, behalte ich für mich. Schon so lange her.

Unsere Schokoladen-Deklaration benötigen wir erst in vier Kilometern. Bernhard und ich nützen die Bustoilette, solange alle noch draußen herumstehen. Wir befinden uns inzwischen auf einem grünen Hügel mit unzähligen Löwenzahnblüten. Die Sonne scheint und wärmt – vermutlich 20 Grad. Es könnte auch eine Almwiese in Österreich sein.

15:00 Uhr. Grenzabfertigung Chile. Passkontrolle. Alles Gepäck ausladen und durchleuchten lassen. Meine Schoko-Deklaration wird ignoriert. Ich suche meinen Trolley, während Bernhard schon am Röntgengerät ist. Er brüllt nach mir und ich brülle „Ja" hinterher. Die beiden Zöllner und Bernhard kringeln sich fast vor Lachen, weil ich – die Frau, die Esposa - so „folgsam" pariere. Und dann geht alles sehr schnell und wir besteigen wieder den Bus. Al-fred zu Jupp – sich noch gar nicht bewusst – was er jetzt so trocken ausplaudert: „Na, bist Du ent-samt worden?" Alle wiehern.

Küssen in Chile: Ein Kuss auf die rechte Wange ist in Chile Sitte bei Begrüßung und Abschied. Ein Kuss rechts und einer links ist nur bei guten Freunden üblich. Aber nie unter Männern. Aha!

16:00 Uhr. Wir erreichen Puerto Natales** am wilden Fjord Ultima Esperanza (letzte Hoffnung), gegenüber den schneebedeckten Gipfeln der Cordillera Riesco mit ihren Eisfeldern. Unser Hotel liegt nah am Stadtzentrum: Martin Gusinde*, vier Sterne.

*Martin Gusinde, 1886 in Breslau geboren, war Priester, Anthropologe und Universitätsprofessor. Nach der Priesterweihe ging er 1911 als Lehrer nach Chile und arbeitete nebenher für das Völkerkundemuseum in Santiago de Chile. Vier Expeditionen führten ihn nach Feuerland, um das Schicksal der verdrängten und dann nahezu ausgerotteten Feuerland-Indianer zu erforschen.

Im Auftrag des Berliner Phonogramm-Archivs zeichnete er Lieder und Gesänge der indigenen Bevölkerung auf. Es sind die einzigen Tondokumente der Feuerland-Indianer.

**Puerto Natales.

Die knapp 20.000 Einwohner zählende Hafenstadt wurde 1911 gegründet und ist die Hauptstadt der Provinz Ultima Esperanza am gleichnamigen Fjord. Es gibt einen eigenen Flughafen, der hauptsächlich von Touristen frequentiert wird, die wie wir in den Nationalpark Torres del Paine wollen. Der Ort ist aber auch Ausgangspunkt für Exkursionen in den Nationalpark Bernardo O'Higgins, der mit 35.000 Quadratkilometern größte Nationalpark Chiles; benannt nach dem ersten Präsidenten Chiles. Besiedelt war der Ort jedoch schon im 16. Jahrhundert. Im 18. und 19. Jahrhundert kamen Auswanderer aus Deutschland und England, um hauptsächlich Schafe zu züchten. Darüber – vor allem über die Schafbarone und mächtigen, korrupten Clans - später mehr.

„Fjord der letzten Hoffnung" (Ultima Esperanza). Dazu lese ich bei Klaus Bednarz, wie auf der Suche nach der Magellanstraße der spanische Kapitän Juan Ladrillero vom Pazifik kommend durch das Labyrinth der Fjorde und Kanäle geirrt sei. Immer wieder hätten sich seine Hoffnungen auf Weiterfahrt zum Atlantik beim Anblick einer neuen Wand aus Geröll am Ende einer Bucht zerschlagen. Namen der Frustration dieses Pioniers künden heute noch davon: Seno Obstrucción (Verstopfter Fjord), Seno Poca Esperanza (Fjord mit geringer Hoffnung), und dann die Endstation bei Puerto Natales: Ultima Esperanza – letzte Hoffnung. Die richtige Einfahrt fand Ladrillero erst ein Jahr später.

Wir gehen gemeinschaftlich Geld wechseln. Vorbei an einem Park und dem Rathaus treffen wir auf Wechselstuben und Banken. Die einen wechseln Dollars in Chilenische Peso, die anderen gehen an Geldautomaten. Das geht ganz einfach wie in Deutschland. Für rund 200 Euro erhalten wir 150.000 chilenische Peso und fühlen uns mit den vielen und großen Scheinen erst einmal unermesslich wohlhabend. Später begreifen wir, dass man die letzten drei Nullen bei den Preisen und auf den Scheinen besser weglässt, um sich nicht an den scheinbar horrenden Preisen zu stören. Eine Flasche Rotwein 14.000 Peso. Huch. Wir teilen uns auf. Jeder geht in eine andere Richtung. Einige zum Fjord, wo es angeblich eine Tourist-Info geben solle, die aber nicht gefunden wird. Wir schlendern durch den Park zurück und schauen den spielenden Kindern zu. Obwohl wir keine 15 Grad haben, tummeln sie sich wie wild unter einer Wasserfontäne, während wir uns die um die Hüfte geknoteten Pullover anziehen. Es ist der Starkwind, der uns frieren lässt.

In einem Supermarkt mit Feierabend-Tumult besorgen wir uns neuen Proviant an Äpfeln, Wasser und einen Halbliter-Tetrapak Cabernet Sauvignon, den wir auf dem Zimmer genießen wollen. Er schmeckte gar nicht mal so schlecht. Überhaupt erweisen sich alle Weine auf dieser Reise als angenehm und bekömmlich, egal wie teuer oder billig sie waren, wenngleich Wein dort nie billig ist.

Auch wir machen uns nun noch auf den Weg zur Tourist-Info, finden aber stattdessen nur eine Halfpipe für Radler und ein witziges Denkmal: zwei Masten an denen zwei Menschen hängen. So schön das Fotografierlicht ist, aber der Starkwind treibt uns zurück in die Stadt. Unsere Gesichter feuern ein wenig. Upps, da haben wir doch glatt vergessen, uns nach der langen Busfahrt einzucremen.

Das Abendessen findet in einem originellen Restaurant statt. Es besteht aus mehreren zusammengeschweißten Schiffscontainern. Kati übersetzt uns wie gewohnt die Speisekarte und erhält unverhofft Hilfe von einer deutsch sprechenden Bedienung, die sich die Sprache vor einiger Zeit in Deutschland angeeignet hat. Bernhard bestellt eine Lammroulade auf gewürzten Kartoffelscheiben und ist enttäuscht. Das Gericht ist nicht mit einer deutschen Roulade zu vergleichen, was wir auch gar nicht anstreben, sondern man hat wohl einen Riesenfetzen zur Roulade gewickelt, gebraten und verkauft ihn dann scheibenweise noch einmal aufgebraten. Dadurch ist das Fleisch trocken und die Außenkruste mit normalem Besteck fast nicht zu knacken. Die meisten meiner in den Spaghetti versteckten Herzmuscheln blieben beim Garen geschlossen, sind also nicht essbar. Abgesehen vom gestrigen Essen im „Pura Vidae" war bis jetzt kein Essen eine Offenbarung.

Tag neun

Ein kleiner komfortabler Bus mit Dreipunktgurten holt uns ab in den Nationalpark Torres del Paine. Unsere Koffer durften wir in einen Nebenraum deponieren, weil wir die kommende Nacht mit kleinem Gepäck in einer Lodge verbringen werden, um danach wieder ins Martin Gusinde für eine weitere Übernachtung zurück zu kehren. Kleines Gepäck heißt Schlafzeug, Beautycase, Rasierer, Ersatzunterwäsche, Pulli, Shirt für Zwiebelschalensystem, Mütze, Handschuhe.

Unser neuer Fahrer heißt Wilson, der Local Guide Juan. Juan kommt aus Bolivien und antwortet auf die Frage, welche Voraussetzungen er als Guide mitbringe, dass er seit sechs Jahren hier lebe und sich gerne in der Natur bewege. Wir bezweifeln still vor uns hin, dass dies genügt, uns die Besonderheit dieses Nationalparks nahezubringen. Aber vielleicht ist er nur durch die Fremdsprache gehandicapt, seine Motivation überzeugender auszudrücken. Sein Englisch erweist sich als sehr schwer verständlich, weil sich seine Betonungen und die Rhythmik seiner Aussprache am Spanischen orientieren. Hinzu kommt wohl auch noch eine Spur an Gehemmtheit. Während uns zum Beispiel Veronica aus Punta Arenas von Anfang an vollquatschte (positiv gemeint), über die Stadtgeschichte, Land und Leute, die Natur und natürlich die Gletscher, bleibt Juan lange Zeit still und verhält sich wie ein Urlauber.

Wir verlassen die Stadt wieder am Fjord, wo sich ein Rudel Schwarzhalsschwäne das Frühstück einsammelt. Von Kati erfahren wir, dass die Ursprungssiedlung an einem 25. Dezember entdeckt wurde und deshalb den Namen

Weihnachtshafen (Puerto Natales) erhielt. 2017 soll hier ein eigener Flughafen mit Direktverbindung nach Santiago eröffnet werden. Der Tower steht schon.

Nasse Wolken schweben über uns. Ich biete vergeblich an, meine Bluse zu öffnen, damit die Sonne meines Herzen Licht über uns bringe. No Comment. Rechts und links sehen wir Tafelberge, deren ehemalige Gipfel von Gletschern glattgebügelt wurde. Alles was im Gebirge noch spitz sei, so Kati, habe immer aus dem Eis geragt.

Nationalpark Torres del Paine

Er wurde 1959 von der chilenischen Regierung zum Nationalpark erklärt und 1978 von der UNESCO als Biosphärenreservat anerkannt. Mit etwas mehr als zweihundertvierzig Hektar hat er etwa die Größe des Saarlandes. Die erste Idee eines Nationalparks entwickelte der deutsche Gymnasialprofessor Werner Gromsch. Er lebte in Punta Arenas und kraxelte in seiner Freizeit viel herum. Vor Einrichtung des Parks hatten die Grundbesitzer bereits große Teile der Wälder abgebrannt, um Schaf-Weideflächen zu gewinnen. Heute ist die Landschaft wieder der Natur überlassen. Sie gliedert sich in Fluss- und Seenlandschaften, Berge und Magellanwald. Anders, als im übrigen Land, ist der Wald hier geschützt. Es ist bekannt, dass Chile viel Wald abholzt und an ausländische Konzerne als Schredder zum Herstellen von Pellets und Kopierpapier verkauft. Schnelles Geld, heißt es im Merian von 1996. Bis 2020 sei so der gesamte Urwald abgeholzt, wurde damals prognostiziert.

Etwa 3.500 Guanakos soll es geben. Einige größere Herden dieser kleinen goldbraunen Kamelart lassen sich von den vorbei fahrenden Autos beim Äsen nicht stören. Außer im Magen der rund 65 Pumas landen sie auch auf der Speisekarte der Restaurants. Daneben sehen wir hochbeinige kamerascheue Darwin-Nandus mit Nachwuchs, ab und zu einen Kondor in der Luft. Man erkennt ihn nicht nur am Segeln, sondern auch daran, dass er, wie die Geier, am Kopf keine Federn hat; die würden beim Wühlen im Aas nur stören. Vergeblich halten wir Ausschau nach einem Puma.

Der Nationalpark gehört zur Región de Magallanes y de la Antártica Chilena (Provinz Última Esperanza) und liegt rund 140 km nördlich von Puerto Natales. Im Norden grenzt er an Argentinien, wo sich die Gletscherfläche an den uns schon bekannten Park Nacional Los Glaciares mit dem ebenfalls schon besuchten Gletscher

Perito Moreno anschließt. Im Westen liegt der Grey-Gletscher mit dem See Lago Grey, im Süden der Lago del Toro und im Osten der Lago Sarmiento de Gamboa.

Die „Torres del Paine" sind das Wahrzeichen des Nationalparks. Diese drei turmartigen Granitberge ragen zwischen 2600 und 2850 Meter in den Himmel. Der See Lago Nordenskjöld zu ihren Füßen wurde nach dem schwedischen Geologen Otto Nordenskjöld benannt, der von 1901 bis 1903 die Ostküste der Antarktischen Halbinsel erforschte. Die Expedition endete allerdings spektakulär mit einer ungeplanten Überwinterung und dem Verlust des Schiffs. In Antarktis-Museen, so zum Beispiel auf der Wasserkuppe, wird mit dramatischen Fotos darüber berichtet.

Die Straße in den Nationalpark, eine richtige Schotterpiste, verläuft 120 Kilometer fast schnurgerade in Richtung Norden. Die Naturschützer protestieren gegen Überlegungen, die Straße zu asphaltieren, weil dann noch mehr als jetzt schon gerast würde. Tatsächlich sind die Autos hier ziemlich schnell unterwegs. Deshalb ist es an Haltepunkten beim Aussteigen streng verboten, die Straße zu überqueren. Es habe hier schon ganz schreckliche Unfälle gegeben.

Ein merkwürdiger Felsen in fast goldenem Morgenlicht, Teufelstisch (Silla del Diablo) genannt, reizt uns Fotografen; aber da ist der Bus schon vorbei und Wilson sieht angeblich keine Haltemöglichkeit. Wir wären ja auch ein Stück zurück gegangen, aber man vertröstet uns, dass wir nach dem Besuch der Milodón-Höhle den gleichen Weg zurückfahren und dann den Fotostop einlegen würden.

Conglomerado

So nennt sich das Gestein, über das wir hauptsächlich um die Torres de Peine stiefeln und kraxeln. Man sieht, dass es Zusammenballungen von Sedimenten und Steinen sind. So etwas gibt es auch in Deutschland, zum Beispiel am Edersee, in den Alpen und im Rhein. Konglomerate sind Sedimentgesteine aus abgerundeten und miteinander verkitteten Gesteinsbruchstücken. Während des Transports durch Gletscher, in Flüssen oder durch die Brandung an Küsten schmirgeln sie sich rundlich ab. Sand, Ton und feinkörnige Sedimente bilden Füllmaterial. Druck von Oben fördert die Verdichtung. Quarz oder Kalzit bilden in gelöster Form, im alkalischen Wasser oder bei hohen Temperaturen ein Bindemittel, das wie Zement wirkt. Geläufiger ist dieses Prinzip als Waschbeton.

Milodón-Höhle

Die etwa 100 Meter lange, 50 Meter breite und etwa 30 Meter hohe Grotte mit Stalaktiten entdeckte der deutsche Patagonien-Forscher Hermann Eberhard 1895. Der Schlesier fand in der Höhle die Mumie eines seltsamen Wesens, heute Milodón genannt. Angeblich eine Art Faultier von der Größe eines Grizzlybären, das von Biologen in Buenos Aires und London auf ein Alter von 10 bis 20.000 Jahre datiert wurde. Ein Plastik-Nachbau dieses seltsamen fellbedeckten Tieres dient den Besuchern als willkommenes Foto-Motiv. Die Höhle ist wegen eines Einsturzes an einer Stelle gesperrt, so dass wir den Rundweg nur teilweise begehen und den gleichen Weg wieder zurück nehmen müssen.

Über uns kreist ein Kondor. Man erkennt ihn an seinem weitgehend nackten, rötlichen Kopf. Wir hören von Kati, dass Kondore immer nur ein Ei legen und die Eltern ihr Junges bei den ersten Flugversuchen sandwichartig in die Mitte nehmen, bis es allein fliegen kann.

Der Fotostop am Teufelstisch erledigt sich. Die Sonne versteckt sich hinter einer Wolke und ohne sie hat das Ganze keinen Reiz. Artig fotografieren wir ihn, obwohl wir wissen, dass da selbst mit Photoshop nicht viel herauszuholen ist. Die Weiterfahrt ist eher langweilig, so dass ich mich über Sandra hermache und interpretiere, was ich von ihr weiß. Um mir ihren Namen zu merken (Gedächtnistraining lässt grüßen) denke ich an „andra" wie anders, denn mit ihren langen offenen blonden Haaren ist sie schon ein Kontrastprogramm zu unseren kurzen Haarschöpfen. Sie ist Oma von drei Enkeln und fiebert ihrem Vierten entgegen; das werde ein Junge, prophezeit sie auf Grund des Ultraschallbildes. Ich mache einen Joke: „Da gibt es kleine Mädchen, die machen im Bauch schon einen Stinkefinger, was wie ein kleiner Penis aussieht!". Sandra glaubt mir nicht. Was sie beruflich macht, habe ich vergessen; aber es war eine anspruchsvolle diplomierte Berufsbezeichnung. Sandra, als die eine von zwei Alleinreisenden, hat sich die ganze Zeit ziemlich zurück gehalten und wenig an Wortgefechten beteiligt, wie sie zwischen Alfred, Cornelia, Kaspar, Jupp und uns immer wieder aufkeimen und hin und her fliegen. Vielleicht habe ich mir deshalb so wenig Gedanken um sie gemacht, weil sie relativ wenig von sich erzählte, obwohl sie durchaus gesprächig wird, wenn man sie direkt anspricht. Sie hat ein paar gesundheitliche Beschwerden, bei denen ich für mich schon wieder an Borreliose denke. Aber ich halte mich zurück.

Schreie aus Stein

Laguna Sophia. Hinter dem gletscherblauen See erheben sich die Türme Torres del Paine, die wohl spektakulärste Gebirgslandschaft der Erde, meinte Klaus Bednarz. Die Tehuelche-Indianer nannten die zackigen Türme „Schreie aus Stein"; das war etwa 5000 v.Chr. Wie nah werden wir wohl noch kommen? Das Gebirgsmassiv ist das Symbolbild von Patagonien. Paine bedeutet „versteckt". Ob es daran liegt, dass sie sich häufig hinter Wolken verstecken oder dass sie erst spät gefunden wurden, bleibt im Dunkeln unserer mangelhaften Spanisch-Kenntnisse. Faszinierend: Spitze Türme, die aus dem Boden gewachsen scheinen. Und so soll es tatsächlich auch gewesen sein; man sieht das an den verschiedenen Gesteinsschichten, vor allem die Spitzen dieser Torres sind schwarzer Basalt, der aus dem Inneren hochgedrückt wurde. Unten grauer Granit. Der höchste der Torres, der Paine Grande, sei 1957 zum ersten Mal bestiegen worden, weiß Kati. Der Torre Central und der Torre Sur konnten erst 1963 bezwungen werden. Die drei anderen wichtigen Peaks verstecken sich noch und werden uns für den nächsten Tag versprochen.

Wir brettern weiter auf der Schotterpiste und kommen zum Lago Porteño. Ein guter Platz, um Feuerbüsche zu fotografieren. Von Jose kommt nicht viel, außer, dass er versucht, sich nützlich zu machen, in dem er uns aus dem Bus hilft. Wir kommen an den Lago del Toro, wesentlich größer; dagegen sind Sophia und Porteño Pfützen; allerdings sehr schöne Pfützen in kräftigen, changierenden Blautönen, als seien sie künstlich nachkoloriert worden. Auf der Landkarte sieht man, dass wir durch eine riesige Seenplatte fahren. Deren Seen werden alle von verschiedenen Gletschern gefüllt, und leiten ihre Wasser zur Küste ab, wo sie über den Estrecho Almirante Nelson im Pazifik landen.

Einmalig auf der Welt sei, dass die Berge des Torre-Massivs aus 3.000 Metern direkt ins Meer abfallen. Freilich liegen bis zum Pazifik noch ein paar Inseln dazwischen. Der nahe Ozean, die hohen Berge und die flache Pampa sorgen für ein spezielles Klima, das sich von Kilometer zu Kilometer ändert. So kann man an einem Tag das Wetter aller vier Jahreszeiten erleben. Im Moment tobt ein Sturm. Deshalb nehmen wir unseren Lunch im Bus ein. Unsere Sandwich-Brötchen sind dick bepackt mit Salat, gegrillter Paprika, Hühnerbrust und Schnittkäse. Dazu ein Keilchen Schokokuchen, eine Handvoll Haferflocken und Nüsse, die aus einem zerknautschten Müsliriegel stammen. Es schmeckt köstlich.

Weiter entlang am Lago Pehóe erreichen wir ein Wäldchen mit Zugang zum Lago Grey, der vom gleichnamigen größten Gletscher gespeist wird. Jupp und Cornelia haben als einzige einen dreistündigen Schiffstrip zur Gletscherkante gebucht. In Anbetracht des zu erwartenden lausigen Wetters erscheinen uns 120 Dollar pro Person ein bisschen viel.

Wir anderen machen uns auf den Weg zu einer namenlosen Insel, die wir über einen Sandstrand erreichen. Vorher geht es allerdings auf schaukelnder Hängebrücke über den Rio Grey; gar nicht so ohne, denn der Sturm hat nicht nachgelassen und die Brücke schwankt wie ein besoffener Elefant. Auf jeder Seite steht ein Ranger, der darauf achtet, dass nicht mehr als zehn Personen gleichzeitig auf der Brücke sind. Den Überängstlichen greifen sie hilfreich unter die Arme.

Der vermeintliche Strandspaziergang am Ufer des Lago Grey erweist sich als Tortur, der sich alle stellen. Es fühlt sich an wie ein Orkan, als wir über den groben Kies versuchen, voranzuschreiten. Bernhard und ich krallen uns aneinander fest und werden trotzdem gebeutelt. Wie zwei Besoffene versuchen wir gegen den Sturm anzuschwanken. Die anderen verlieren wir aus den Augen; denn zum Sturm kommt auch die eingeschränkte Sicht. Erst im Schutz der Insel wird es besser. Wir erklimmen einen felsigen Weg, der uns oben den Blick auf den Grey-Gletscher eröffnet. Der liegt freilich sehr weit weg und ist nur als weißes Etwas wahrzunehmen. An einem Baum leere ich meine Stiefel von Steinchen. Als ich den Schuh wieder verschließen will, raschelt etwas im Gebüsch neben mir. Wahnhaft fällt mir ein Schild ein, auf dem stand: „Wenn sie einem Puma begegnen, dann schauen sie weg, schauen sie ihm nicht in die Augen". Ich atme still durch, versuche, mich so ruhig und schnell wie möglich von der Stelle weg zu bewegen und schelte mich selbst, so blöde Ideen zu entwickeln.

Für den Rückweg will die Gruppe auf einer etwas längeren Strecke noch den Rest der Insel umrunden. Da streikt Bernhard. Wir wollen den kürzeren Weg zurück nehmen. Kati besteht darauf, dass Juan uns begleitet. Zu dritt machen wir uns auf den Rückweg. Es bläst und pfeift noch immer wie aus Kanonenrohren. An eine Unterhaltung ist hier nicht zu denken. Denn die Böen sind so stark, dass sie einen umwerfen können. Ich lege beide Arme eng an den Körper wie ein Pinguin, um dem angreifenden Wind weniger Fläche zu bieten. Aber es bleibt trotzdem eine Quälerei. Weil ich intensiv nach unten schaue, fallen mir einige schöne Steine auf, die ich prompt einstecke. Ich habe wenigstens zwei Leute zuhause, die sich über exotische Steine freuen.

An der Hängebrücke hat sich ein kleiner Stau gebildet. Einige Frauen schaffen die Querung nur mit Unterstützung helfender Hände. Als wir auch diese Hürde geschafft haben, beginnt die restliche windgeschützte Wegstrecke. Auf den Rest der Gruppe müssen wir nicht allzu lange warten.

Zeit zum Meckern

Cornelia und Jupp werden erst in ein paar Stunden vom Gletscher zurück sein. Wir fahren jedoch gleich zur Hosteria Lago Tyndall, eine komfortable Lodge mit verhältnismäßig großen Zimmern auf zwei Etagen. Hier buchen sich vorzugsweise Gruppen ein, die durch den Nationalpark wandern. Das Ambiente ähnelt einer komfortablen Jugendherberge mit einer großen Lobby neben der Rezeption. Kaffee, Tee und Kekse können wir uns im ersten Stock holen und in den Kissen flauschiger Sofas in der Lobby einnehmen. Unser Blick fällt durch große Fenster auf eine Wiese mit Pferden und ein paar Hütten, die man ebenfalls für Übernachtung buchen könnte. So gemütlich zusammen mit Uschi und Alfred, Ilse und Manne kommt wieder einmal das Thema Pinguine auf. In unser aller Reiseplanung steht der Besuch der Pinguine als inkludierte Veranstaltung. Erst vor Ort hörten wir, dass diese Kolonie inzwischen von Pinguinen entvölkert sei. Und zwar schon länger. Bereits die Vorgängergruppe habe ausweichen müssen, um überhaupt Pinguine zu Gesicht zu bekommen. Kati hat zwar einen Alternativausflug in Petto, für den sollen wir allerdings 60 Euro zusätzlich bezahlen. Dies sei kein unverhofftes Ereignis, diskutieren wir, sondern ein dem Veranstalter bekannter Mangel. Isabell googelt im Internet. Der Veranstalter hat den Ausflug zu den Pinguinen im neuen Katalog herausgenommen und bietet es nun nur noch optional an. Jedoch in unserem Reiseablauf, den wir ja alle dabei haben, ist er noch inkludiert.

Uschi empfindet es als zusätzlichen Mangel, dass die lokalen Guides nicht deutsch sprechen, was sie bei der angekündigten „deutschen" Reiseleitung unterstellt habe. Freilich haben wir in Kati eine deutschsprachige Reiseleitung; doch die meint, dass es ihr nicht zuzumuten wäre, dass sie sich zwölf Stunden am Tag den Mund fusselig redet, um alles zu übersetzen. Wir beide verstehen zwar das Meiste ganz gut, aber es fallen doch immer wieder Fachausdrücke aus der Geologie und Biologie, die sich nicht so ohne Weiteres übersetzen lassen. Auch darüber wollen sich einige beim Veranstalter beschweren. Wir diskutieren, ob wir eine Sammelklage einreichen. Wir halten uns bei der Debatte zurück, planen jedoch, uns die zwei mal 60 Euro zurück zu holen, was, retrospektiv gesehen, nicht gelungen ist. Beschiss.

Das Abendessen wird für uns und weitere Gruppen an langen Tischen serviert. Cornelia und Jupp sind auch eingetroffen. Ich weiß nicht mehr, was es zu essen gab, wohl eine heiße Suppe, vermutlich etwas mit Hühnchen, Kartoffeln und Gemüse und ein Dessert, das schmeckte, wie gesüßter geschlagener Eischnee mit einem

Tupfer Sirup darauf, eigentlich die Vorstufe von Makronen.

Beim Abendessen erzählt Kati von Lady Flores Dixi, eine schottisch-englische Aristokratin, die Ende der 1870er Jahre mit Ehemann, Zwillingsbruder und ihren Kindern Patagonien bereiste. Wir haben ein bisschen weiterrecherchiert. Nach Rückkehr in England veröffentlichte die Lady ihre Erlebnisse im Buch „Riding Across Patagonia". Es wurde ein Bestseller. Angeblich habe sie sich von dieser Reise einen Jaguar (war wohl eher ein Puma) mitgebracht, den sie anfangs wie ein Haustier hielt. Nachdem er jedoch mehrere Hirsche im Park von Windsor Castle getötet hatte, kam er in den Londoner Zoo. Das Buch wurde im Oktober 2001 neu aufgelegt und ist derzeit für 22 Dollar über Amazon zu bestellen.

Wie wundervoll: Alle Zimmer sind mit großen Fenstern, Terrassen und Balkonen in Richtung der Torres ausgestattet, auch wenn von denen nichts zu sehen ist. Es sind die größten Zimmer, die wir auf der gesamten Reise haben werden. Sogar mit einem dritten Bett. Alle Schlafstätten sehen mit ihren gerüschten Bettdecken und Mehrfach-Kissenparade edel und zugleich heimelig aus, als würde hier Frau Holle wohnen. Auch Klaus Bednarz muss in so einer Lodge übernachtet haben, denn was er über die Aussicht schreibt, ist identisch mit dem, was wir am nächsten Morgen erleben sollen. Er erwachte um vier Uhr dreißig mit einem Blick aus dem Bett auf ein Gemälde in blutrot, orange, gelb und weiß, überzogen von einem hauchdünnen Goldfilm: die Torres. Doch bevor sein Kameramann das Objektiv ausrichten konnte, sei dieser Spuk hinter einer Nebelwand verschwunden.

Tag zehn

Auch wir wollen, dieses Schauspiel – wenn es die Wolken freigeben - fotografieren. Sonnenaufgang sei erst um 5:30 Uhr, signalisiert uns Kati. Ich stelle den Wecker trotzdem auf 4:30 Uhr und sehe zwar eine Ahnung der Torres, aber noch fehlt das Licht der aufgehenden Sonne. Eine knappe Stunde später um 5:20 Uhr versuchen wir es erneut. Und tatsächlich erkennen wir erste Lichter auf dem Gebirgsmassiv. Nur mit einem Seiden-Fiffi bekleidet springe ich in meine Stiefel, hänge mir den Parka um und öffne die Terrassentür nur objektivbreit, damit wir uns keinen Schnupfen holen. Maßlos wie in Ektase drücke ich auf den Auslöser. Jede Minute entwickelt sich das Gebirgsbild neu und weiter. Jedoch: Mal ist der eine Torre scharf, dann hat der andere einen Wolkenschleier. Insgeheim möchte ich die Dunstfetzen weg- oder wenigstens weiterschieben. Mit der Zeit hellt die Sonne auch den Vordergrund auf. Alfred tigert zwischen den Hütten herum. Zwei Pferde heben die Köpfe, als wollten sie den Morgen begrüßen. Das von Bednarz beschriebene Feuergemälde wird es zwar nicht, eher der Anschein einer doch leuchtenden Fata Morgana. Ich knipse, knipse, knipse, bis es mir zu kalt wird. Ich entdecke dabei an der Kamera ein oranges Licht*, das mir noch nie aufgefallen ist. Bernhard auch nicht, obwohl es viele Jahre seine Kamera war. Glücklich schlüpfe ich zurück ins warme Bett, das ich gottseidank zugedeckt hatte.

*Zwei Stunden später weiß ich, was dieses Licht bedeutet: Akku leer! Es war schon der Zweite und wir haben kein Ladegerät dabei. Bernhard ärgert sich ein ums andere Mal, dass er den dritten Akku nicht finden kann. Wir haben offensichtlich keinen Dritten dabei. Ich versuche ihn zu trösten, dass er sich deshalb nicht ärgern soll. Schließlich habe ich noch mein gutes Handy zum Fotografieren und er ja schließlich seine Kamera. Wir werden also nicht bilderarm zurück kehren und alles dokumentieren können, wonach uns der Sinn steht.

Ilse

Ich lernte sie als erste der Gruppe im Flieger von São Paulo nach Buenos Aires kennen, weil wir in der gleichen Reihe saßen. Ilse und Manne stammen aus Sachsen-Anhalt, wie ich unschwer am zarten Dialekt erkenne. Ilse ist Betreuerin von Alten und Behinderten in einem Heim. Manne ist gelernter Maurer und war bis zu seiner Pensionierung mit 63 bei der Bundeswehr tätig. Sie sind offensichtlich sehr reiselustig und erzählen von Reisen nach Singapur, Madagaskar und Südafrika. Ihr Haus haben sie verkauft und sind ins Bayerische, in der Nähe ihrer Tochter, verzogen. Gerne hätte ich mich öfter mit Ilse unterhalten, auch um mehr über ihre Persönlichkeit zu erfahren, aber ich war wohl nicht ihr Typ. So bleibt es die zwei Wochen bei höflichen, freundlichen

Worten. Auch Manne ist sehr zurückhaltend und beschränkt sich mehr auf Kontakte zu Alfred und Kaspar.

Isabel

Eine Frohnatur aus Düsseldorf, 50, alleine lebend, lange schwarze Haare, prägnante Nase. Hat irgendwie nicht geklappt, meint sie zu ihrem Single-Dasein lächelnd. „Ist ja auch nicht unbedingt erstrebenswert", sage ich. Auch ich hatte mich mit 32 Jahren arrangiert, alleine zu bleiben und mich einem faszinierenden Berufsleben und Freundeskreis zu widmen.

Sie scheint eine Meisterin auf dem Smartphone zu sein. Wenn irgendeine Frage auftaucht, tippt sie ein wenig mit spitzen Fingerkuppen und hat gleich eine Antwort oder Erklärung parat. Im Gegensatz zu Sandra, der zweiten Alleinreisenden, hat sie mit ihrem charmanten Lächeln immer einen lockeren Spruch parat. Und, sie trägt fast nur schwarze Kleidung. Eine solche Phase kenne ich auch von mir; bevor mir Bernhard erklärte, dass er mich lieber in bunten Farben sehen würde.

Mit unserem Bus rumpeln wir weiter in Richtung der Torres. Sie sind allgegenwärtig und scheinen schon so nah, immer vor uns, und doch zu fern, um einfach hinzulaufen. Auch hier zählen überwiegend Lenga-Bäume zur Vegetation; dazu Zypressen und Olivillo-Bäume. Hinter einer Brücke über den Pehóe-Fluss machen wir einen Fotostop. Die unterschiedlichen Blautöne des Wassers faszinieren uns immer wieder. Ich laufe ein paar hundert Meter zurück auf die Brücke, damit ich nicht nur See und Berge, sondern auch unsere Gruppe aufs Bild bekomme.

Bei der Weiterfahrt fallen uns weiße Baumgerippe auf. Aber dieses Mal waren es nicht die Biber, sondern teils verheerende Waldbrände. Am 17. Februar 2005 wurden so mehr als 15.000 Hektar Wald verbrannt; Ende 2011 noch einmal 14.000 Hektar; beide Brände wurden durch unachtsame Touristen verursacht. Von uns raucht nur Sandra; Alfred ab und zu.

Wir stoppen auf einem Bus-Parkplatz für eine Wanderung näher an die Torres. Die Sonne scheint, wir sind eingecremt, aber da beginnt es wieder orkanartig zu stürmen. Bernhard zieht in Betracht, umzukehren, aber die Aussicht auf die Torres und den fast türkisfarbenen Lago Nordenskjöld ist so betörend, so unwirklich schön, dass wir uns in den Wind werfen. Noch schlimmer als am Gray-Gletscher greift uns der Sturm in die Flanken und versucht uns umzuwerfen oder zumindest aus den Angeln zu heben. Zudem ist es nicht flaches, sondern steiniges Kraxelgelände, bei dem man sowieso auf Gleichgewicht achten muss, sonst wird man zu Boden geschleudert.

Gischt schäumendes Gletscherwasser zwängt sich am Salto Grande durch einen Felsspalt und stürzt in Kaskaden zehn Meter tief in den Lago Pehóe. Ein Regenbogen schwebt über diesem Spektakel, das natürlich die Fotografen anlockt. Wir steigen unter großer Anstrengung weiter bergan; immer vom Sturm gebeutelt aber im gleißenden Sonnenlicht. Rechts und links des Wegs sprießen grüne Polster mit gelben und weißen Blümchen und pinkfarben Sternchen in den Antarktischen Frühling. Eine Art Weiß- und Rotdorn schafft es mal gerade bis zum Knie, blüht aber wie bei uns. In sichtbarer Ferne grasen unbeeindruckt von den Wanderern ein paar Guanakos. Noch eine halbe Stunde steigen wir aufwärts entlang des Somiento-Lakes, einer der größten Seen, der zum Teil schon außerhalb des Nationalparks liegt. Und die Torres halten still. Kein Wölkchen verwischt die Sicht auf dieses Monument der Natur. Frisch geputzt sind die Seen und Wiesen. Auch hier wütete der Waldbrand und stehen die blankgebrannten Baumstämme weiß wie Leichenfinger als ständige Warnung und Kontrast zum Blau des Sees. Wir tasten uns zurück zum Bus. Manne leiht mir mehrmals seinen Arm, damit mich der Orkan nicht zu Boden schmettert.

Auf dem Weg zur Estancia des Schafhirten Christian marschiert eine ganze Nandu-Familie mit sieben Küken durch die Tundra. Sie sind sehr scheu, weshalb wir nicht aussteigen, sondern aus der Bustüre im Vorbeifahren fotografieren. Dann treffen wir auf eine Guanako-Herde gleich neben der Straße, die sich durch uns in keiner Weise stören lässt. Juan, der Guide, meldet sich mal wieder zu Wort, aber sein kolumbianisches Englisch ist so gut wie nicht zu verstehen. Es wirkt, als wolle er sich auf den letzten Kilometern noch seine Existenzberechtigung verdienen. Es ist uns klar, dass er trotz dieser Mangelleistung sein Trinkgeld bekommen muss. Wir hoffen, dass ihm Kati für künftige Einsätze ein paar Sätze sagt. Schließlich wurde er von der Incoming-Agentur, für die auch Kati arbeitet, bezahlt. Leider für Nichts.

Schafzucht in Patagonien

Die Geschichte der Schafzucht in Patagonien begann um das Jahr 1880. Schottische Einwanderer von den britischen Falklandinseln erhielten die Kunde, dass sich die unendlichen Weiten des baumlosen Graslandes am Fuße der Kordilleren besonders eignen würden, Schafe zu züchten. Dass hier herrenloses Land zur Verfügung stand, sprach sich wie ein Lauffeuer herum. Vor allem aus Europa machten sich Glücksritter auf, mit der Aussicht, als Schafzüchter das große Geld zu machen. Sie kamen scharenweise mit Dampfschiffen und kauften sich für relativ wenig Geld ein Stück der bis dahin herrenlosen Pampa.

Dabei gab es besonders gerissene Geschäftsleute, die sogenannten Schafbarone, die nicht nur mit Geschick, sondern auch mit krimineller Energie versuchten, Land an sich zu raffen, auf dem noch friedliche Indianer lebten. Vor allem der aus Spanien stammende Kaufmann José Menéndez, der aus Litauen vor dem Juden-progrom geflüchtete Moritz Braun und der portugiesische Wal- und Robbenjäger José Nogueira brachten es mit Rücksichtslosigkeit zu Ländereien in der Größe europäischer Staaten. Sie bauten Zäune und missachteten das Wohnrecht der dort lebenden Indianer. Die wiederum hielten sich an den Schafen schadlos. Obwohl durch diesen Mundraub für die nach Hunderttausenden zählenden Herden kein besonderer Schaden entstand, begann die systematische Ausrottung der Indianer. Sie wurden als Schädlinge auf eine Stufe mit Pumas und Füchsen gestellt. Für jeden getöteten Indianer gab es eine Prämie. Fällig wurde das Kopfgeld bei Vorzeigen der abgeschnittenen Ohren.

Die Estancias sind heute kleiner. Als 1970 Salvador Allende und die Kommunisten die Regierung übernahmen, enteigneten sie alle Grundbesitzer entschädigungslos. Nach dem Sturz Allendes durch den Putsch des Generals Augusto Pinochet am 11. September 1973 wurden radikale marktorientierte Wirtschaftsreformen eingeleitet. Im Zuge dieser Veränderungen war es den Schafzüchtern möglich, Ländereien zurück zu kaufen, wenngleich es unerschwinglich war, die ehemaligen riesigen Gebiete zu erwerben. Die heutigen Estancias sind also nur ein Bruchteil der Fläche früheren Schafzüchter.

Benetton und Konsorten

Eine noch riesige Estancia habe, berichtete Klaus Bednarz, John Dick, Inhaber des Bekleidungsimperiums Benetton. Fast siebenhunderttausend Hektar Weideland habe er im argentinischen Teil der Pampa gekauft, Platz für dreihunderttausend Schafe. Allerdings habe auch ihm das „Weiße Erdbeben" 1995 immensen Schaden zugefügt. Bei minus 30 Grad im August und zwei Metern Schnee habe er fast 70 Prozent seiner Schafe verloren. Sie konnten nicht gefüttert werden und erstickten unter dem Schnee.

„Die neuen Herren Patagoniens", so der 2015 verstorbene Friedensforscher Peter Strutynski, „heißen Benetton, Lay oder Turner. Sie führen italienische Modeketten, sind US-Getränkemultis und gründeten internationale Medienkonglomerate. Die Rosas und Dorregos gibt es noch immer, doch verglichen mit ihren Höfen haben die Anwesen der neuen Oligarchen das Ausmaß von Königreichen".

Den Inhabern Benettons wird vorgeworfen, dass sie im Schatten ihrer politisch korrekten Werbekampagne harte Methoden zur Vertreibung und Unterdrückung indigener Familien in der patagonischen Provinz Chubut in Argentinien eingesetzt hätten. Die Privatisierungspolitik der Präsidenten Menem (1989-1999) und De la Rúa (1999-2001) ermöglichte den massiven Kauf patagonischen Grund und Bodens. Ausländische Großunternehmer, wie beispielsweise auch Ted Turner, Sylvester Stallone oder die Benetton Brüder, kauften im Zuge dessen sehr günstig riesige Farmen, reiche Minen, wunderschöne Seen und viele, viele Schafe – nicht nur vom argentinischen Staat sondern auch von Mitgliedern der lokalen Oligarchie. Es interessierte dabei wenig, dass die Mapuche* in vielen dieser Gebiete von ihren Vorfahren überlieferte Rechte besitzen. Und so sei es gekommen, dass der italienische Großkonzern Benetton seit seinem letzten Grunderwerb im Besitz von fast 900.000 Hektar Patagoniens sei.

Das Vermächtnis von Douglas Tompkins

Auch Douglas Tompkins, der im Dezember 2015 verstorbene Mitinhaber der amerikanischen Firma Esprit, machte 1991 von sich Reden; allerdings zum Wohle von Patagonien in Chile und in Argentinien. 1991 kaufte er für drei Millionen Dollar 270.000 Hektar bedrohten Urwalds südlich von Puerto Montt, um daraus den Nationalpark Pumalin zu gestalten.

1995 erwarb er weiteres Farmland im Chacabuco-Tal, Region Aysen, Chile. Die 25.000 Schafe und 3.800 Rinder verkaufte er und ließ die Zäune einreißen und das überweidete Tal renaturieren. So entstand ein 81.000 Hektar großes privates Reservat als Patagonia-Park, der im Norden an das nationale Naturreservat Lago Jeinimeni stößt und im Süden Verbindung schafft zum Naturreservat Tamango. Insgesamt kauften er und seine Frau Kristine McDivitt-Tompkins mehr als 800.000 Hektar Land in Chile und Argentinien, um daraus Schutzräume für die Natur Patagoniens zu schaffen.

Tompkins starb 72jährig im Dezember 2015 bei einem Kajakunfall auf dem General Carrera-See, 40 Kilometer nördlich des Patagonia-Parks an Unterkühlung. Zwei Monate später setzte seine Witwe allen Spekulationen, man habe sich preiswert Land unter den Nagel gerissen, ein Ende. Sie bot Präsidentin Michelle Bachelet eine Spende von 410.000 Hektar Land an den chilenischen Staat an; das entspricht der eineinhalbfachen Fläche des Saarlandes. Unter diesen Ländereien befinden sich der Pumalin-Park, der Patagonia-Park, 27.000 Hektar in der

Magallanes-Region und mehrere kleine Flächen. Bedingung war, dass der Staat daraus neue Nationalparks schaffen und zusätzlich eine weitere Million Hektar unter Schutz stellen solle.

Tomkins soll in einem seiner letzten Interviews mit dem amerikanischen Magazin Outside gesagt haben: „Ich weiß, dass nicht jeder meine Mittel hat, aber ich sage, das macht nichts. Unternimm etwas nach deinen Möglichkeiten, du wirst es als lohnenswert und wertvoll empfinden und bezahlst damit die Miete für dein Leben auf diesem Planeten. Tu es einfach".

*Mapuche

Dies ist der Sammelbegriff für die Ureinwohner Südamerikas, die erst durch die Spanier, dann durch die Großgrundbesitzer vertrieben und ausgerottet werden sollten. Viele wanderten in die Städte aus; etwa 40 Prozent leben heute noch in Santiago. Gewisse Verbesserungen ergaben sich für die Mapuche unter der Regierung Allendes, der die massive Enteignung von Landwirtschaftsbetrieben vorantrieb, was zur Rückgabe von Land an die Bewohner führte. Unter der Pinochet-Diktatur wurde die Enteignung der Großgrundbesitzer jedoch wieder rückgängig gemacht. Durch die Abschaffung des Gemeineigentums kam es erneut zur Enteignung der Ureinwohner. Mit dem Staudamm am Rio Bio Bio wurden weite Landstriche des Mapuche-Territoriums unter Wasser gesetzt.

In nationalistischen Kreisen Chiles wird die Existenz des Mapuche-Volkes bis heute geleugnet. Es sei in der Gesamtbevölkerung aufgegangen. Pinochets: „Es gibt keine Ureinwohner, wir sind alle Chilenen." Dagegen betonen die meisten Vertreter der Mapuche-Gemeinschaften (comunidades) ihre Eigenständigkeit und zumindest die Radikaleren unter ihnen lehnen es ab, sich als Chilenen zu bezeichnen. Der chilenische Zensus von 2002 ergab, dass noch 604.349 Mapuche auf chilenischem Staatsgebiet leben. Die ursprüngliche Sprache der Mapuche, Mapudungun, wird in Chile nur noch von etwa 260.000 Menschen verstanden. In Argentinien beläuft sich die Mapuche-Bevölkerung auf ungefähr 250.000 Menschen, von denen noch etwa 10.000 Mapudungun verstehen.

Das Leben auf einer Estancia

Gegen Mittag erreichen wir die Estancia des Schafzüchters Christian. Eine Estancia ist eine Art Ranch mit Weidetieren wie Kühe, Stiere und Schafe. Christians Estancia ist 4.000 Hektar groß.

Darauf hütet er 3.500 Schafe und 40 Kühe. Seine Familie bewirtschaftet die Ranch erst seit 1978, das Jahr der Landrückgabe beziehungsweise der Möglichkeit, überhaupt ehemals enteignetes Land zurück kaufen zu dürfen.

Das große Geld ist mit der Schafzucht freilich nicht mehr zu machen. Das Einkommen der Estancia setzt sich heute zusammen aus Schaffleisch, Wolle und Tourismus, wobei der Absatz der Wolle immer weniger bringt, dafür aber der Tourismus, die Bewirtung in der eigenen Gaststätte, zunimmt.

Asado bezeichnet im südlichen Südamerika eine Festmahlzeit, in der verschiedene Fleischsorten und Innereien auf Holzkohle-Grill gegart werden. Diese Mahlzeiten genießen im Familien- und Freundeskreis einen hohen sozialen Stellenwert, wobei sich die Männer um das Fleisch kümmern und die Frauen um das Beiwerk wie Salate, Soßen, Kartoffeln und Dessert.

Eine solche Festmahlzeit erwartet uns jetzt in der Gaststätte der Estancia. Wie wir es schon am Lago Argentino sahen, brutzeln hier Lämmer hochkant auf einen runden Schwenkgrill geschnallt langsam vor sich hin. Erst gibt es eine heiße Suppe, dann werden Kartoffeln, Tomaten, selbstgebackenes Weizenbrot aufgetragen und natürlich das Fleisch in riesigen Portionen. Dazu gibt es in kleinen Schälchen eine Art Ragout aus rohen feingeschnittenen Tomaten und Peperoni, das man zum Fleisch isst, wie bei uns Kräuterbutter. Einige haben sich statt Fleisch Lachs be-

stellt. Er kommt köstlich mit Kräutern gegart in einer Tasche aus Alufolie. Aber das Fleisch duftet so verführerisch und ist so reichlich, dass auch die Lachsesser mit zulangen. Dazu gibt es Rotwein, Wasser und was man sonst mag.

So gesättigt starten wir zur Besichtigung der Estancia. Christian legt seine Montur an, samt Stiefel, Sporen, Hut und Bolero. Er zeigt uns mit seinem Pferd, welche Kunststücke sein Tier vollbringen kann, wenn es auf der Schafweide eingesetzt wird. Allerdings ist das inzwischen Dressurreiten auf hohem Niveau, das in Turnieren gepflegt wird. Christian gilt hier als anerkannter Meisterreiter.

Obwohl Wolle nicht mehr zu den großen Einnahmequellen der Schafzüchter gehört, müssen die Schafe von ihrer Wolle befreit werden. Dazu reisen Chiloten durchs Land, Einwohner der chilenischen Insel Chiloé, die sich aufs Schafscheren spezialisiert haben und pro Tier bezahlt werden. Mehr als zwei bis drei Minuten darf das nicht dauern. Nicht ganz so schnell demonstriert uns Christian eine solche Schafschur. Wolle wird heute als Abfallprodukt bezeichnet. Nur die jüngeren Schafe haben eine gute Wolle. Je mehr Locken, umso besser ist die Qualität; sie nimmt im Laufe der Lebenszeit ab. Die Wolle wird gleich sortiert: die

schmutzige weggeworfen, die saubere in Ballen gepresst und nach Asien verkauft. Schwarze Schafe werden gleich geschlachtet, weil man diese Wolle nicht loswird. Zum Schlachten werden die Schafe nass gemacht und mit einem elektrischen Stromschlag getötet.

Dann lässt Christian seine Hunde exerzieren, wie sie eine Herde im Stall zusammentreiben, sie in den Hof scheuchen und dann auf Anweisung wieder in den Stall schicken. Beeindruckend. Christians Liebling ist eine Hündin, die vor kurzem geworfen hat, was man an den langen Zitzen sieht. Sie gilt als eine der eifrigsten und duldet nur widerwillig die anderen sechs Hunde neben sich und Christian. Mit ihrem Wurf, sagt er stolz, habe er nun acht Hunde mehr.

Voll neuer Eindrücke, gesättigt und vom Wein leicht angeschickert machen wir uns auf den Weg zurück nach Puerto Natales ins schon bekannte Hotel Martin Gusinde. Unser Gepäck steht bereits in der Lobby. Wir haben zwar alle eine andere Zimmernummer, aber die Einrichtung ist identisch. Abendessen benötigen wir heute nicht mehr. Das Zimmer ist warm. Der Tag, an dem wir uns im Nationalpark mit nicht mehr als zehn bis zwölf Grad arrangiert hatten, scheint hier wesentlich wärmer gewesen zu sein

Tag elf

Wieder früh aufstehen. Um acht Uhr fahren wir bereits auf einer schnurgeraden Straße mit gelber Markierung Richtung Punta Arenas, unser nächstes Übernachtungsziel. Es nieselt leicht. In der Ferne ein paar leichte Berge. Im Vergleich zu den Torres wirken sie wie ein Mittelgebirge – Odenwald oder Taunus. Kati reicht ein Büchlein über die reichhaltige Flora durch den Bus. Calafate, die Berberitzenbeeren, Fuchsien, Feuerbusch, Prickley Heath (Preisebeeren), Zapato de la Virgen (die orangefarbenen Orchideen am Wasserfall, auf Deutsch „Stiefel der Jungfrau"), Butterblumen (Lliante) und Burr, die kleinen Knöpfchenblüten an den Pflanzenpolstern.

Dank der Landkarte, die wir gestern gekauft haben, können wir uns heute gut orientieren. Wir finden die Magdalenen-Insel in der Magellanstraße, auf der eine Pinguin-Kolonie sein soll. Aber noch geht es weiter durch die Pampa, ein häufig gebrauchter Begriff, der hier ein Gesicht erhält: Grassteppe, niedriger Bewuchs, in weiter Ferne ein paar Rinder. Freigeführte Strom- und Telefonleitungen wie in USA.

Apropos: Argentinisches Steakfleisch

Bis zu diesen Tagen glaubte ich an riesige Rinderherden, die durch die Pampa ziehen und auf Grund der ständigen Bewegung und der kalten Winter dieses herrlich marmorierte Steakfleisch produzierten. Vergeblich halte ich seit Tagen Ausschau nach jenen Rinderherden. Auch die hiesigen Rinderzüchter haben begriffen, dass man durch Sojaanbau schneller zu Geld kommt als mit aufwändiger Rinderzucht. Schon seit 20 Jahren sei die Rinderzucht rückläufig, erklärt uns Kati. Die großen Rinderfarmen wurden zu "Feedlots" zusammen gelegt; das sind Fütterungsanstalten mit bis zu 30.000 Rindern. Bewegung haben diese Viecher kaum, Erfahrene Fleischkonsumenten haben schon längst begriffen, dass mit dem argentinischen Fleisch etwas nicht stimmt. Wir nicht. Wir kaufen es zu selten, auch in der Annahme, dass es auf Grund seiner Qualität noch immer teurer sei als europäisches Rind sein müsse. Ich komme mir ziemlich doof vor.

Punta Arenas

Noch vor dem Erreichen der heutigen Hauptstadt des chilenischen Patagoniens besuchen wir das Museum „Nao Victoria". Hier steht der original große, 27 Meter lange und sieben Meter breite Nachbau der „Nao Victoria", das einzige von fünf Schiffen, das bei der Suche und Entdeckung der Magellanstraße 1520 übrig geblieben war. Die alten Baupläne habe man in Sevilla und Porto gefunden. Wir dürfen darin herum klettern. Ein Audioguide leitet uns durch die Decks

und Kammern; er erzählt von kargen Zeiten. Die eigentliche Geschichte der Entdeckung der Magellanstraße hat nicht etwa der Kapitän auf dem Flaggschiff verfasst, sondern der Italienische Schriftsteller Antonio Pigafetta, der Magellan auf dieser Entdeckungsreise begleitete. Magellan selbst sei schrecklich ums Leben gekommen. Indianer auf den Philippinen hätten ihn am 27. April 1521 bei einer weiteren Expeditionsreise angeblich in flüssigem Gold gekocht.

Die Magellanstraße

Die Magellanstraße, spanisch Estrecho de Magallanes, ist eine Meerenge mit zahlreichen Inseln und Seitenarmen zwischen dem Atlantik und Pazifik. Seit einem Grenzvertrag von 1881 gehört die Magellanstraße zum chilenischen Hoheitsgebiet.

Der Portugiese Ferdinand Magellan, portugiesisch Fernão de Magalhães, war 1519 im Dienste der spanischen Krone zu einer Weltumsegelung aufgebrochen und geriet in der Nähe des 52. Breitengrades in einen verheerenden Sturm: zwei seiner Schiffe wurden in eine Bucht abgetrieben, die sich später als Einfahrt zur Magellanstraße erwies. Ursprünglich nannte der das Gewässer nach dem 1. November „Meeresenge Aller Heiligen", was später vom König in Estrecho de Magallanes geändert wurde.

Die größte Bedeutung hatte der Wasserweg vor dem Bau des Panamakanals. Es war vor allem für die Ost- und westindischen Compagnien eine enorme Erleichterung, nicht um Kap Hoorn segeln müssen, um die Gewürzinseln zu erreichen, die indonesische Inselgruppe der Molukken. Kein Handelsgut war in jener Zeit so geschätzt und gefragt, wie die bisher unbekannten Gewürze Indiens. Auch heute noch eröffnet die Straße für das eher pazifisch ausgerichtete Chile einen direkten Zugang zum Atlantik und damit zu den europäischen Handelspartnern.

Die 583 Kilometer lange Magellanstraße ist in Punta Arenas etwa drei Kilometer breit, eine der engen Stellen. Offizielle Register archivieren, dass auf ihrem Grund und an den Ufern siebenundachtzig Wracks großer Schiffe liegen und viele kleine, vom Fischkutter bis zur Segelyacht. Rund tausend Dampfer passieren diese Wasserstraße jährlich. Es gibt eine Vorschrift, dass immer ein chilenischer Lotse an Bord sein müsse.

Vom Bus aus können wir schon die Magdaleneninsel ausmachen. Auch der Flughafen kommt in Sicht, ab dem wir nach Santiago fliegen werden. Große Schlachthäuser sind zu sehen und das Unternehmen Standard Wool, das die Schafwolle aufkauft und nach Asien verschifft.

Punta Arenas und die Schafbarone

Auch Punta Arenas war – wie Ushuaia – einst ein Verbannungsort für Schwerverbrecher, unliebsame Politiker und Opportunisten. Ihnen folgten Freiwillige und Glücksritter, die mit Schafwolle zu Reichtum kommen wollten. Der Name der Stadt geht auf einen gewissen John Byron zurück. Bei einer seiner Expeditionsreisen 1768 fiel dem Briten am Nordufer der Magellanstraße eine

Stelle auf, an der unwahrscheinlich viel Sand angeschwemmt war. Er beschrieb sie als „Sandy Point" (Sandige Spitze), auf Spanisch Punta Arenosa.

Die Ursprünge der Stadt stammen aus der Festung Fuerte Bulnes, 1843 errichtet und 1848 wieder aufgegeben. Doch bis aus dem „Sandy Point" ein Hafen wurde, vergingen mehr als 100 Jahre. Erst 1876 erteilte die chilenische Regierung Einwanderern die Erlaubnis, Schafe zu züchten. Bald entstanden Kaianlagen zum Verschiffen der Wolle und des Fleisches. Über die Schiffe kamen neue Leute ins Land: Flüchtlinge, Robbenjäger, Pelztierjäger, Matrosen, Abenteurer, ehrbare Handwerker, Farmer und Kaufleute. Ende des 19. Jahrhundert entwickelte sich Punta Arenas zu einem wichtigen Stützpunkt der internationalen Schifffahrt. Hier machten nahezu alle Schiffe zwischen Europa und Amerika Station und brachten Waren und Passagiere mit. Viele Europäer fühlten sich in einer Art Goldrausch angezogen.

Auch die wohlhabenden Schafbarone mit ihren riesigen Ländereien werteten den Ort auf, in dem sie sich wahre Paläste bauten und dafür Marmor, Kristall, Samt und Seide aus Europa kommen ließen. Zum Beispiel die Brauns, deren Palacio –

heute ein Museum – wie auch die Paläste von Nogueira und Menéndez, die sich um die Plaza des Armas reihen. Sie verbündeten sich, machten sich und ihre Kinder gegenseitig zu Bevollmächtigten und unterdrückten ihre Arbeiter wie Leibeigene, bis 1918 die Arbeitergewerkschaft Magellanes zum Generalstreik gegen Familie Braun-Menéndez aufrief. Gewaltsam und mit Hilfe von Militär wurden die Aufstände niedergeschlagen. An die 1500 Arbeiter sollen damals getötet worden sein. Doch die Eröffnung des Panamakanals machte sowieso alle Zukunftshoffnungen zunichte. Die Magellanstraße verlor an Bedeutung.

Der Friedhof von Punta Arenas, den Kati mit einigen von uns besichtigt, während wir zu den Pinguinen fahren, sei ein Geschichtsalmanach der Kolonisation der Magellanstraße, berichtet Volker Skierka, seinerzeit Merian-Chefredakteur. Die Inschriften trügen Namen aus aller Herren Länder. Die Größe und Lage der Grabstätten würden dokumentieren, wer es wie weit gebracht habe. Vor allem Jose Menéndez liege im prächtigsten, wenn auch nicht unbedingt schönsten Mausoleum. Wesentlich beeindruckender sei das der, schwerreich, mit 92 Jahren verstorbenen, Sara Braun, ein Grabmal wie eine russisch-byzantinische Kathedrale in einem eigenen, von

Mauern und Gitterstäben eingefassten kleinen Park. Das wurde ihr nur gestattet, weil sie noch zu Lebzeiten ein bombastisches Jugendstil-Eingangstor zum Friedhof gestiftet hatte. Allerdings hatte sie verfügt, dass jenes Tor nur ein Mal im Jahr für das gemeine Volk geöffnet werden dürfe, nämlich an ihrem Todestag. Das Jahr über ist ein bescheidener Seiteneingang geöffnet.

Auch viele Deutsche liegen hier begraben, in Einzelgräbern oder in Gemeinschaftsgräbern. Es gibt einen Marmorstein mit der Inschrift „Deutsche Krankenkasse", auch einen für Angehörige der kaiserlichen deutschen Kriegsmarine „Graf Spee und den heldenhaften Besatzungen seiner Schiffe „Scharnhorst", „Gneisenau", „Nürnberg", „Leipzig", „Dresden", die am 8. Dezember 1914 bei den Falklandinseln gefallen sind. Aber die am meisten besuchte Stelle im Friedhof ist die Bronzeskulptur des „unbekannten Indianerjungen". Sie sei zur Pilgerstätte geworden für die, die einen Dank schriftlich hinterlassen wollen.

Punta Arenas ist heute mit 130.000 Einwohnern die südlichste Großstadt der Erde und besitzt auch die südlichste Rennbahn. Die Stadt liegt auf der Brunswick-Halbinsel, dem südlichsten Festlandteil Südamerikas, und ist einer der Ausgangspunkte zur Antarktis und zu den Falklandinseln. Für uns Europäer sieht Punta Arenas überschaubar aus, zumal wenn man einen Hügel erklimmt, der einen weiten Blick über die Stadt erlaubt. Viele bunte Häuser. Ein Mast mit internationalen Wegweiserschildern zieht uns in seinen Bann. Tatsächlich hängt hier sogar ein Schild mit „Borussia Dortmund". Hier wohnen möchte ich nicht. Die ärztliche Versorgung sei katastrophal. Wer ernsthaft krank wird, müsse 2.500 Kilometer nach Santiago fliegen.

Mittelpunkt ist wie in allen chilenischen Städten die Plaza des Armas – der Waffenplatz. Hier steht das Denkmal für Magellan mit einem Jüngling, dessen Bein so tief herunterhängt, dass man den Fuß berühren kann. An den blanken Stellen sieht man, dass das viele Menschen tun, hauptsächlich in der Hoffnung, wieder zu kommen.

Kati hat im Restaurant „La Marmita" einen

Tisch reserviert. Wie schon öfter wird uns ein Pisco sour offeriert. Bernhard isst Guanako und ich Hase in Biersoße. Wir bezahlen 80.000 Peso zusammen, also etwa 60 Euro einschließlich Wein und Wasser. Das war es wert.

Kati wirkt ein wenig genervt. Cornelia stöhnt: „der tägliche Horror", was bedeutet, dass wir gegenüber Kati immer genau überlegen müssen, was wir sagen und was wir besser für uns behalten. Sie ist zwar stets hilfsbereit, wirkt aber hauptsächlich pflichtbeflissen, wenig empathisch. Haben wir sie eigentlich schon einmal lächelnd erlebt? Sandra erhält inzwischen Nachricht vom künftigen Enkelkind: Also doch, ein Mädchen; aha, mit Stinkefinger. Wie ich schon prophezeite.

Zu den Pinguinen

Um 16:00 Uhr sticht die Melinka in See. Im Bauch des Schiffes wäre noch Platz für einige Autos, doch alle Passagiere – etwa 100 Personen - wollen zur Magdaleneninsel. Es sind hauptsächlich junge Leute an Bord, die sich auf dem schmalen Außendeck zusammenquetschen und die Türen nach außen verstopfen. Wir im Inneren – es sind ja immerhin zwei Stunden Fahrt zur Insel – sitzen in bequemen Sesseln, einer Kinobestuhlung nachempfunden. Das sanfte Motorbrummeln schläfert uns ein.

Bei der Ankunft wird eine Gangway an den Strand geschoben und wir balancieren auf rundgeschliffenen Kieseln an Land. Ein paar der Magellanpinguine* watscheln unbeeindruckt vor uns her, als wüssten sie, dass wir nichts zum Fressen mitbringen. Ihr Tisch wird in der Magellanstraße reichlich gedeckt. Ein durch Seile abgesperrter Weg markiert die Route über einen Inselhügel, an dessen Top ein Haus mit Leuchtfeuer steht. Die Pinguine hausen hier in Erdhöhlen, in die man sogar hineinsehen kann. Die meisten stehen aufrecht, etliche begatten sich gerade. Ein paar streiten sich und hacken mit ihren Schnäbeln aufeinander ein. Es ist nicht auszumachen, was Männchen und was Weibchen ist.

Einzelne plustern sich auf, recken sich hoch und schmettern laute Rufe, dass sich ihr Brustkorb aufbläht wie ein Luftballon. Sind das Brunftrufe? Pinguine seien sich ein Leben lang treu, haben wir gelesen. Doch irgendwann muss ein Junggeselle mal anfangen, sich eine Gefährtin zu suchen. Einige kommen den Besuchern sehr nahe, als seien sie bezahlt worden, um als Fotomodell zu dienen. Demütig sinken die Fotografen auf die Knie, um ein besonderes Porträt in Augenhöhe zu erhaschen. Ein Mitreisender meint, dass dies richtige Persönlichkeiten seien. Das bringt uns auf die Idee, unsere nächste Weihnachtsgeschichte hier spielen zu lassen. Wir werden sie am Ende beim Literaturnachweis abdrucken.

Auch wenn einige Pinguine regelrecht neben uns mittrippeln, bleibt keine Zeit, um Kommunikation anzufangen. Außerdem: Was sagt, was fragt

man einem Pinguin? Heute schon gekuschelt? Einige der Besucher führen doch tatsächlich ihr Handy am Stick in die Höhlen, um ein Foto zu erhaschen. Machen die Gruppensex? Zwei andere Pinguine stehen vor einer Höhle, scheinbar unschlüssig als sei dies die Frage einer Hausbesichtigung. „Sollen wir uns die anschauen? Oder Sie: „Gehen wir zu Dir oder zu mir?" Eine ebenfalls hier logierende Möwenkolonie mischt vorrübergehend die Pinguine auf. Ob die sich wehren? Es liegen etliche tote, halbverweste Vögel zwischen den Höhlen. Da liegt auch ein Pinguin-Junges, das man am grauen Pelz erkennt. Daneben ein erwachsener Pinguin, der nur guckt als wolle er zum Ausdruck bringen: Guckt mal, mein Kind ist tot. Ist das die Mama, die um ihr Kind trauert? War das eine Möwe? Bernhard kneift mich: „Du und Deine Fantasie!"

Wie eine Karawane ziehen die Besucher ihre Bahn; nach links hoch zum Haus mit dem Leuchtfeuer. Hier informiert eine kleine Ausstellung über die verschiedenen Pinguinarten und diese Insel. Darüber hinaus finden die Besucher sanitäre Einrichtungen.

In weitem Bogen geht es wieder hinunter zur Anlegestelle. Bereits vor uns waren Besucher mit einem kleinen gelben Zodiak-Boot gekommen, die schippern schon wieder mitten in der Wasserstraße, als wir zur Anlegestelle zurück kommen. Nun leert sich die Insel nach einer Stunde Aufenthalt. Kurz vor 19:00 Uhr legt die Melinka wieder ab. Es ist noch taghell; eben Sommerzeit.

Ich besorge uns in der Cafeteria Tee und Kaffee. 6.000 Peso; die Geldsummen sehen immer gigantisch aus. Auf der Rückfahrt rumpelt es nun gewaltig. Die Magellanstraße ist kabbelig wie das IJsselmeer. Die vielen jungen Leute, die auf der Hinfahrt draußen saßen, drängeln sich nun alle im Inneren. Die Geräuschkulisse dröhnt, als sei hier alles voller Pinguine, versuche ich das Kauderwelsch zu beschreiben.

*Magellanpinguine

Sie gehören wie die Humboldtpinguine und die Galápagospinguine zur Art der Brillenpinguine. Dem Humboldtpinguin fehlt das schwarze Band, welches beim Magellanpinguin quer über den Hals läuft, dafür ist der u-förmige Bruststreifen etwas breiter. Im Bereich um den Schnabel hat der Humboldtpinguin keine Federn. Die rosarote Färbung dieser Partien erstreckt sich bis zu den Augen. Die Füße des Humboldtpinguins sind schwarz, die Schwimmhäute oft weiß gefleckt. Die Füße der Magellanpinguine sind grau.

Die Zahl dieser Pinguine verringert sich von Jahrzehnt zu Jahrzehnt. Seit 1982 ist sie um mehrere Tausend gesunken. 1996 seien es nur noch 10.000 gewesen. Mögliche Ursachen sei die Überfischung und die Kontamination mit giftigen Schwermetallen aus chilenischen Kupferminen. Aber auch die Fischer dezimieren die

Pinguinzahlen, wenn sie sie als Köder zum Fangen der Königkrabben benützen.

Magellan nannte übrigens den Pazific Pazific (Stiller Ozean), weil er die Magellanstraße an einer Stelle verließ, als es gerade mal sehr still auf dem Ozean war. Falsch gedacht. Der Pacific ist wilder als der Atlantik. Aber nun hatte er seinen Namen.

Das war Patagonien

Damit endet der Patagonien-Teil unserer Reise. Morgen früh fliegen wir nach Santiago, wo uns Temperaturen von 30 Grad Celsius erwarten. Der Koffer muss gründlich umgebaut werden, damit nun die dünnen Sachen oben sind. Den Abschluss begehen wir in der Hotel-Bar, wo wir Kati bei vegetarischem Sushi antreffen. Es sieht köstlich aus, wenngleich wir keinen Hunger haben. Reis-Gemüse-Röllchen mit Pankow paniert und frittiert habe ich noch nie gesehen. Als Kaspar und Undine später hinzukommen und etwas Ähnliches essen und ein Stückchen übrig bleibt, greife ich beherzt zu. Ja, das hat was. Einen guten Wein finden wir auch: Digna Reserva, ein Carmener*, die typische Traube in Chile. Im Gegensatz zum Malbec aus Argentinien, den es sogar manchmal bei Aldi gibt, haben wir noch nie einen Carmener in Deutschland gesehen. Erst ein Blick ins Internet hilft uns weiter.

*Carmener

Die Rotweinsorte stammt ursprünglich aus dem Bordeaux und diente als Verschnittpartner von Bordeaux-Weinen. Nach dem Reblausbefall (europaweit zwischen 1865 und 1885) verschwand sie fast vollständig, auch weil sie empfindlich gegen feuchtkalte Witterung ist und dann schlechte Erträge bringt. Sie braucht auch drei Wochen länger als beispielsweise Merlot. Carménère (französisch geschrieben) wird seit 1850 in Chile angebaut. Hier spielt die Temperatur-Empfindlichkeit der Traube keine Rolle. Sie wird heute auch als Mischwein für Merlot, Cabernet Sauvignon oder Cabernet Franc benutzt. Mit Carménère sind heute mehr als 7.180 Hektar Rebfläche in Chile bestockt. Er wird auch nach Frankreich exportiert, dürfte deshalb auch in Deutschland zu bekommen sein.

Tag zwölf

Frühstück im sechsten Stock mit unglaublichem Rundumblick auf Punta Arenas. Wieder viele süße Stückchen, aber auch Rührei, Würstchen, Speck, Avocado-Salat. Von Kati erfahren wir, dass ein Flugzeug mit der kolumbianischen Fußballmannschaft abgestürzt sei; angeblich zu wenig Treibstoff. Und das 40 Kilometer vor dem Ziel. Keine Überlebenden.

Auf der Fahrt zum Flughafen sammeln wir Trinkgeld für den Fahrer. Wie immer gibt es eine Diskussion um Pesos, Dollars und Euros. Wie Kati vermittelt, kommen die Leute hier mit jeder Währung klar. Auf dem Flughafen wird bekannt, dass Isabell ihren Pass verloren hat; vermutlich hat ihn jemand auf dem Schiff aus ihrer Tasche gezogen. Arme Isabel. Der Pass war erst drei Wochen alt. Sie hat zwar eine Kopie vom abgelaufenen Pass dabei und einen Personalausweis, aber ob das gut geht? Gottseidank schaltet sich Kati ein. Sie erreicht, dass Isabell mitfliegen kann; die muss sich aber in Santiago sofort beim Konsulat melden, um einen Ersatzpass zu beantragen. Kati verspricht, sie zu begleiten, auch weil Isabell nicht Spanisch kann. Wir unken herum; dass dies ein Wink des Schicksals sei. Sicher werde Isabell auf dem Konsulat den Mann ihres Lebens treffen. Vielleicht ein Abkömmling deutscher Einwanderer mit einer Großmutter aus Düsseldorf, woher Isabell stammt. Wir bieten uns an, als Trauzeugen mit einigen Pinguinen anzureisen.

Mit Blick auf die Uhrzeit begreifen wir, dass wir den Flug LATAM 281 wegen Isabels Pass nicht erreichen werden. Doch das stellt sich als Irrtum heraus. Es ist die LATAM 280, eine A 321, die eine ganze Stunde später fliegt. Bei der Zwischenlandung in Puerto Montt können wir sitzen bleiben. Alfred albert mit Jupp herum, der so tut, als müsse er Cornelias hochgehobenes Bein schienen. Jupp ruft nach einem Arzt und wirft dann seinen Wollschal zu Alfred: „Monitor putzen" Alfred wirft ihn zurück, trifft einen fremden Reisenden und verstummt schuldbewusst. Ich schmunzle. Irgendwie schlich sich im Laufe dieser Tage ein Gefühl wie Schulausflug ein.

Santiago de Chile

15:00 Uhr. Eine Dunstglocke hängt über der Stadt, wie uns Kati vorausgesagt hat. Santiago liegt im Talkessel des Valle de Maipo zwischen den Küstenkordilleren im Westen und den hier bis über 6.000 Meter hohen Anden im Osten, dessen Ausläufer teilweise bis in das Stadtgebiet vordringen und an klaren Oktobertagen auszumachen sind wie etwa die Alpen bei Fön über München. Von Ost nach West fließt der Rio Mapocho.

Santiago, heute mit etwa sechs Millionen Einwohnern, wurde am 12. Februar 1541 vom spanischen Eroberer Pedro de Valdivia als Santiago del Nuevo Extremo gegründet. Davor gehörte das Gebiet zum Inkareich und wurde überwiegend vom Volk der Picunche (Gruppe der Mapuche) bewohnt. In der Kolonialzeit war Santiago von langwierigen Konflikten und Angriffen der Mapuche sowie von einer Vielzahl von Erdbeben geprägt, denen fast alle historischen Gebäude der Stadt zum Opfer fielen. Sieben Jahre später besiegten der chilenische Bernardo O'Higgins zusammen mit dem argentinischem General San Martin (Siehe Buenos Aires) endgültig die Spanier. Nach ihm sind ein Nationalpark und zahlreiche Straßen zum Beispiel Alameda benannt. Seit 1818 ist Chile unabhängig und Santiago die Hauptstadt.

Am 11. September 1973 geriet Santiago in den Focus der Weltpresse, als das Militär unter General Augusto Pinochet und von den USA gefördert gegen den demokratisch gewählten marxistisch-sozialistischen Präsidenten Salvador Allende putschte. Kurz darauf wurde Allende tot aufgefunden, wobei bis heute unklar ist, ob er Suizid beging oder ermordet wurde. Sein Standbild steht heute vor dem Justizministerium. Von Pinochet sahen wir kein Standbild. Er regierte diktatorisch bis 11. März 1990 und wurde durch einen Volksentscheid abgewählt. Für die Schuld von unzähligen Menschenrechtsverletzungen, vor allem mehrere Tausend Ermordete, Folterungen und gewaltsam verschwundene Menschen, konnte er trotz Prozesseröffnung 2001 nie zur Rechenschaft gezogen werden. Er starb 2006! Man sagt noch heute, er habe Opportunisten und Unliebsame aus Flugzeugen ins Meer werfen lassen.

Wir besteigen am Flughafen einen Kleinbus, dessen Innenduft uns den Atem lähmt. Eine Sammlung sogenannter Wunderbäume. Ätzend. Gut, dass der Fahrer uns nicht versteht; es hätte ihn gekränkt. Isabell ist per Taxi mit Kati schon unterwegs zum Konsulat, das um 16:00 Uhr schließt. Wir drücken den beiden alle Daumen, dass sie es rechtzeitig schaffen.

Das Hotel Panamericana, 200 Zimmer, ein zwischen Geschäftshäusern eingeklemmter Kasten mit vielen Stockwerken amerikanischen Stils aus den 1970er Jahren, liegt mitten in der Stadt. Unsere Zimmer sind mit wenigen Ausnahmen noch nicht bezugsfertig. Solange werden die Koffer deponiert. Unser Zimmer ist schon fertig und erwartet uns mit einer kalkverschmierten Stehleiter und einigem Handwerkszeug. Wir stellen die Sachen vor die Türe und verstauen unser

Gepäck. Unser Versuch, die Klimaanlage zu starten, scheitert. Als wir das Zimmer verlassen, lichtet sich das Geheimnis der Leiter. Ein Handwerker war gerade dabei, neue Gardinen aufzuhängen. Eine gute Gelegenheit, gleich die Klimaanlage zu reklamieren.

Wir machen uns mit unserer Ersatz-Führerin Maria auf den Weg. Maria, eine blutjunge handtuchschmale Österreicherin aus Linz, arbeitet hier in einem sozialen Projekt, ist also kein Local Guide im üblichen Sinne, sondern eine Aushilfe für Kati. Immerhin lebt sie schon ein paar Monate hier und hat Anweisung, wie wir zu laufen haben. Treffpunkt mit Kati und Isabell soll auf dem Aussichtsberg Bellavista sein, der eine wundervolle Rundsicht auf Santiago verspricht.

So folgen wir artig Maria, die uns zum Präsidentenpalast bringt, dann zur Börse. Das Bankenviertel – wie, was , wo? – endet an einem hohen Eisenzaun mit Tor. Wir denken hauptsächlich an den großen Eisenzaun vor dem Präsidentenpalast in Buenos Aires. Welche Bewandtnis dieser hat, weiß Maria nicht. Sie habe das Tor noch nie geschlossen gesehen.

Im Grunde weiß sie zu wenig, um uns etwas erzählen zu können. Sie kennt den Weg durch die

Fußgängerzone. Punkt. Unterwegs macht sie uns neugierig auf einen „Kaffee mit Füßen", so heißt übersetzt das Stehcafé „Cafe con piernas". Das Besondere, hier bedienen junge Damen mit spärlichem schwarzen Outfit, das ein langes T-Shirt oder ein kurzes Kleid sein könnte. Die erotischen Kurven mit hochhackigen Schuhen und knallrote Lippen sehen zwar irgendwie ordinär aus, aber die Aircondition kühlt angenehm, während draußen die Hitze knallt. Die Fotos mit den hochbeinigen Damen, die auch noch auf einer Art Laufsteg agieren, sind beeindruckend.

Wir kommen zum Hauptplatz – wie immer Plaza des Armas/ Waffenplatz genannt– mit einer modernen Plastik vom Haupt eines Mapuche-Indianers. Hier stehen auch die Kathedrale und mehrere wichtige Gebäude wie der ehemalige Präsidentenpalast und die Hauptpost. Wir werden unterwiesen, dass sich hier die Erde nahezu täglich bewegt. Die Kathedrale sei schon mehrfach eingestürzt. Ihr Schiff weist eine beeindruckende Tiefe auf. Gelbe Tulpen am Altar erinnern mich daran, dass hier ja gerade der Sommer beginnt. Wie auf den Azoren gibt es zwei Kanzeln vis á vis. Diesem Rätsel sind Bernhard und ich noch immer nicht auf die Spur gekommen. Auch Maria weiß das nicht. Eine Skulptur des Jakobus erinnert uns, dass Santiago sein spanischer Name ist. Alles klar.

Wir kommen am Historischen Museum vorbei. Der Eintritt sei umsonst, weiß Maria, aber nicht, ob darin auch etwas in Englisch beschrieben sei. Wir haben sowieso keine Zeit. Drei im Boden eingelassene Kupfertafeln zeigen an Hand von Stadtplänen aus den Jahren 1580, 1646 und 1712 die rasante Entwicklung von Santiago. Dahinter folgt das Standbild des Pedro de Valdivia, der 1541 Santiago gegründet haben soll, aber trotzdem ein zügelloser Typ gewesen sei, meint Maria. Sie kann uns auch die Farben Chiles in der Fahne erklären: blau wie der Himmel, weiß wie die Gletscher und rot wie das Blut, das in diesem Land vergossen wurde. Wir sehen einen Brunnen mit zwei abgebildeten Personen; Maria weiß leider nicht, wer das ist. Zum Hingucken und Lesen fehlt uns die Zeit. Die nehmen Bernhard und ich uns aber, um eine Freiluft-Telefonzelle mit Tiffany-Glocke als Dach im Stil des Art Déco zu fotografieren. Sie ist sogar telefonierbereit.

Wir merken uns für den übernächsten Tag, wo und wie wir auf eigene Faust nochmals losgehen können, zum Beispiel den Fixpunkt zum Abzweigen nach links, ein Porno-Kino mit Prostituierten auf dem Gehweg. Ob die da legal oder illegal stehen, weiß Maria leider nicht. Überall gibt es kleine Kioskstände, die „Motte con Huasillo" verkaufen; geröstete Gerste mit einer Mischung aus getrockneten Pfirsichen und kaltem Pfirsichsaft. Niemand will probieren, weil es sehr süß sein soll. Es folgt noch ein auffallender Baum mit weißen Schoten. Leider bleibt uns auch dessen Name unbekannt. Unwichtig. Weiter.

Das steinerne Gebäude des Mercado Central, also der Hauptmarkt mit Fischmarkt, erreichen wir zu spät. Ab 17:00 Uhr geschlossen. Auch das wäre ein Ziel für den letzten halben Tag. Aufschreiben! Erstmals sehen wir Radler-Symbole an den Ampeln und es sind ziemlich viele Fahrradfahrer unterwegs, besonders auffallend im nun folgenden Park Forestal. Gefühlte zwei Kilometer laufen wir auf einem bequemen Sandweg mit Blumenrabatten aus Tagetes und Oleander, mit Liegewiesen, Bänken und einem Kunstmuseum mit kostenlosem Eintritt. Unterwegs begegnen uns berittene Polizisten und viele Jogger. Ein paar Gaukler und Straßenkünstler zeigen ihr Können in den Ampel-Rotphasen mitten auf der Straße, während rechts und links der Verkehr tost. Eingerichtet, so Maria, wurden diese Parks hauptsächlich, um den Menschen bei Erdbeben einen Platz zu bieten, wo sie vor einstürzenden Häusern sicher seien. Wir nehmen das mal so zur Kenntnis.

Ein riesiger Brunnen in Form eines Schiffes – Fuente Alemana – sei ein Geschenk aus Deutschland? Das wollen wir genauer wissen. Bei Google lesen wir, dass er tatsächlich 1910 als Gedenkstätte anlässlich der Jahrhundertfeier von Chiles Unabhängigkeit überbracht und am 13. Oktober 1912 eingeweiht wurde. Die Bronzeskulptur stammt von dem deutschen Bildhauer Gustav Eberlein, einem bedeutenden Künstler der Berliner Bildhauerschule des 19. Jahrhunderts; allerdings nicht von Deutschland finanziert, wie Maria meinte, sondern von der Deutschen Minderheit* in Chile als Zeichen der Wertschätzung für den freundlichen Empfang.

*Deutsche Minderheit

So nennt man alle Nachfahren aus dem deutschsprachigen Raum, also auch Österreicher und

Schweizer, die seit der Mitte des 19. Jahrhunderts einwanderten. Etwa 500.000 Chilenen haben deutsche Wurzeln; rund 40.000 sprechen angeblich noch Deutsch als Muttersprache. Einige Autoren behaupten, die deutschen Einwanderer hätten sich nie in die chilenische Gesellschaft integriert und blieben bis heute kulturell abgegrenzt.

La Chascona

Wir überqueren den Rio Mapocho und die Hauptstraße Avenida Cardenal Caro auf einer Brücke und gelangen ins Studentenviertel. (Siehe Reisewarnung Seite 181) Hier pulsiert das Leben: Straßenrestaurants, Kneipen, Cafés, Musik und viele junge Leute. An jeder Ecke duftet es verführerisch. Am „Funicular", dem Aufzug auf den Hausberg San Cristobal und zur Aussichtsplattform, werden wir jedoch enttäuscht. Wir sind viel zu spät und könnten gerade noch mit der letzten Bahn hoch und nach einer Minute wieder herunterfahren. Einige von uns machen das. Wir nützen diese Zeit für einen Besuch in einer Seitenstraße zu einem der berühmten Häuser von Pablo Neruda, dem La Chascona, ein Haus in verschiedenen Blautönen mit einer rundgestalteten Fensterfront und einer herrlichen Hochterrasse. Hier zog er sich mit seiner Frau

Matilde zurück, wenn ihm nach Ruhe war. Wer es nicht kennt, würde daran vorbeigehen, denn das Spektakuläre – große Fenster, durch die er auf Santiago blicken konnte – sieht man nur, wenn man den Kopf in den Nacken wirft. Es ist natürlich auch schon geschlossen. Aber es tröstet uns, dass wir am nächsten Tag sein Haus in Valparaiso besichtigen können, obwohl jedes ja ein kostbares Unikat sein soll. Vor seinem Haus endet die Sackgasse mit einer Treppeninstallation in der Form eines kleinen Amphitheaters. Zwischen den Sitzen plätschert in schmalen Kanälen Wasser hinunter. Dort sitzen wir und tauschen uns mit den wenigen Informationen aus, die wir über Neruda gerade so in Petto haben: sein Nobelpreis, sein politisches Engagement, seine Gedichte, die zeitliche Nähe zur Dichterin Gabriela Mistral, die den Literatur-Nobelpreis ein paar Jahre früher erhalten hat. Pablo Neruda und seine Gedichte sind ein eigenes Thema, das hier nicht ausreichend gewürdigt werden kann. Aber: Wir waren da!

Wir treffen Kati und Isabell in einem Steak-Restaurant unweit des Funicular. Hinter einem Grill, so groß wie zwei Tischtennisplatten, steht ein Kerl mit Forke und wendet Fleisch. Es duftet gut, aber ich bin nach meinen Fehlschlägen in Argentinien etwas misstrauisch über die Fleischkultur der Chilenen. Trotzdem bestelle ich ein Filetsteak in der Hoffnung, dass ein Filetsteak auch hier ein Filetsteak sein sollte und nicht irgendein Fetzen Fleisch. Das Filetsteak ist superb; auch die Countrykartoffeln, gebratene Kartoffelspalten mit feisten Speckstückchen und Zwiebeln. Ich bin versöhnt. An den angebotenen Flan gehe ich trotzdem nicht.

Unser Zimmer ist okay; alles irgendwie amerikanisch, ein Einzel- und ein Doppelbett mit doppelthohen Matratzen, viel zu vielen Kissen und ausnahmsweise eine durchgehende Matratze, sogar eine riesige Zudecke für Zwei. Das hatten wir viele Jahre am Beginn unserer Partnerschaft auch. Während Bernhard Bedenken hat, ist mir das gerade recht. Erstens ist die Zudecke wirklich unendlich breit, außerdem schlafe ich so ruhig, dass am nächsten Morgen das Laken wie gebügelt aussieht.

Gegen Morgen werde ich von einem leisen Rütteln wach. Erdbeben, schießt es mir durch den Kopf. Ich bin geschockt und warte, dass es erneut bebt. Fast täglich gebe es kleine Beben in Santiago, hatte uns Kati beigebracht. Die meisten Leute würden das registrieren und weiterleben, weil es schon so normal sei, dass es irgendwo ein bisschen rumst. Ich atme tief durch und versuche, mich zu entspannen. Es passiert nichts. Als ich es am Morgen Bernhard erzähle, kringelt der sich vor Lachen. Das vermeintliche Erdbeben sei von ihm gekommen; er habe sich im Bett auf die andere Seite geworfen.

Tag dreizehn

Am nächsten Morgen geht es erst um 9:00 Uhr los. Das Frühstück in der zweiten Etage ist überwältigend. Eine Unmenge mit Spiegeln verkleideter Säulen lassen den riesigen Speisesaal doppelt so groß aussehen. Eine Frühstücks-Managerin hat das Personal gut im Griff. Sobald ein Teller leer ist, ist er auch schon abgeräumt. Ständig werden Platten mit Wurst, Käse und süßen

Teilchen neu bestückt, Rührei, Speck und Würstchen nachgefüllt. Mehrere Toaster stehen bereit, so dass niemand lange warten muss. Mit Ausnahme des Avocado-Salates (Guacamole) ist es ein typisch amerikanisches Angebot; allerdings ohne Bratkartoffeln und Bohnen.

Unser Busfahrer Angel steht schon bereit; auch wieder der narkotisierende Wunderbaum-Duft. Wenn man länger im Bus sitzt, ist das kein Thema mehr. Alfred spielt heute Rotkäppchen. Er hat irgendwo seine Island-Kappe verloren und trägt nun einen roten Häkelhut von Uschi. Wir fahren 90 Kilometer ins Casablanca-Tal in Richtung des Pazifik durch einen ziemlich langen Tunnel. Danach beginnt der schon angekündigte Küstennebel, der so gut für das Wachstum von Obst, Gemüse, Mandeln und Wein sein soll. Je näher wir dem Pazifik kommen, desto grüner und reichhaltiger wird die Vegetation. Wir sehen meterhohe Kakteen, Büsche, Bäume. Und dann noch ein Tunnel. An dessen Ende beginnt das Anbaugebiet von Weißwein. Der Küstennebel hält sich trotzdem noch. Richtig Sonne ist uns erst für die Mittagszeit angekündigt. Es gäbe hier immerhin 300 Sonnentage im Jahr.

Weingut Emiliana

Von den 13 bedeutenden Weingütern, produziert es als einziges ausschließlich nach Demeter, also ohne Chemie und ohne Pestizide. Alle Abläufe sind auf natürliche biodynamische Synthese und Symbiose aufgebaut. An die 100 Hühner werden in mobilen Ställen durch die Weingärten geschleust, um die Larven von Ungeziefer zu fressen. Ein paar Truthähne, Alpakas, Enten, Honigbienen haben auch eine biologische Aufgabe. Sauber sind die Wege gerecht. Kräuter wie Salbei, Lavendel wachsen in großen Beeten; sie sollten die Qualität des Kompostes verbessern. Muss ich mir merken. Olivenbäume, Obstbäume, ein Seerosenteich, dazu Blumen wie Gladiolen, Tagetes, Afrikanische Lilie, Schargarbe, Goldmohn, Rosen und viele andere, wechselnder Grünbewuchs zwischen den Rebzeilen. Wir sehen auch Mangold, Chrysanthemen, Zwiebeln, Schnittlauch und Rote Bete. Alle diese Pflanzen hätten eine Bedeutung innerhalb des Systems, wird uns versichert. Bewässert werde über ein Schlauchsystem und nach den Mondphasen. Entscheidend aber sei, dass man die Pflanzen einem gewissen Stress aussetze: Nächtliche Kühle und Wärme am Tag, dazu Phasen der Trockenheit und der Bewässerung. Damit würden die Pflanzen tiefer wurzeln und seien resistenter gegen Schädlinge, erklärt uns Felippe. Angestrebt werde eine Wurzeltiefe von 100 Metern und ein Alter der Rebstöcke von 90 Jahren; die hiesigen seien erst 15 bis 20 Jahre alt.

Die Anlage ist wirklich sehr beeindruckend. Felippe, so stolz und überzeugend, vermutlich ein Sohn des Eigners, führt uns und andere Gäste mit Spanisch und verständlichem Englisch über das Weingut. Auch die nachfolgende Weinprobe überzeugt uns, dass wir unbedingt etwas kaufen müssen. So wandern etliche Papptüten mit Wein, Honig und Olivenöl über den Verkaufstresen. Die Preise sind nicht überteuert. Wir müssen nur an unser Gepäck denken. Mehr als 23 Kilo schaffen wir sowieso nicht, die wir mit elf und 15 Kilo reisen; aber das Volumen unserer Trolleys ist so eng bemessen, dass wir die eine Flasche mitgenommenen Weins unbedingt noch im Hotel austrinken müssen. Und wir lernen dazu: Der bedeutendste Wein der neuen Welt sei das Label Santa Carolina. Im Internet ist schon etwas zu sehen. Schaumermal. Kati verteilt im Bus „Pan de Pascua", ein rundgebackener chilenischer Weihnachtskuchen mit Nüssen, Rosinen, Zitronat, Kakao und viel Muskat. Schmeckt schon sehr nach Christstollen.

Valparaiso

Nur 30 Kilometer sind es zum Hafen für Santiago, mit einer großen Vergangenheit. 1544 gegründet, war die Stadt einst der erste Anlaufpunkt für Schiffe, die entweder um Kap Hoorn, später durch die Magellanstraße oder über den Beagle-Kanal kamen und damit die erste Stelle, wo sich die ramponierten Schiffe wieder reparieren ließen und neue Ladung aufnahmen, hauptsächlich Salpeter und Guano. Niederländer und auch die Buddenbrooks hatten hier wichtige Niederlassungen für ihre Handelsgüter, meist aus Asien, vor allem Gewürze, Kaffee, Kakao. Die Stadt soll mal richtig reich gewesen sein, bis sich Salpeter und Guano künstlich herstellen ließ und diese Rohstoffe nicht mehr benötigt wurden. Durch die Öffnung des Panamakanals geriet Valparaiso für Jahrzehnte in die Bedeutungslosigkeit. Heute gibt es wieder einen florierenden Containerhafen, auf dem jährlich um die fünf Millionen Tonnen Waren gelöscht werden.

Valparaiso – das Paradiestal – ist auf 27 Hügeln, sogenannten Cerros gebaut und viele Häuser gründen auf Stelzen. Deshalb sind sie relativ erdbebensicher, während die am Wasser auf Sand errichteten Gebäude eher den Halt verlieren, wenn die Erde rumort. Durch die häufigen

Erdbeben gibt es praktisch kaum historische Gebäude. Trotzdem: Je höher man wohnt, umso ärmer seien die Menschen. Das liege auch daran, dass ihre Wege zum Einkaufen im Zentrum von gewaltigen Höhenunterschieden geprägt sind. Zwar gebe es sogenannte Trolley- und Micro-Busse; aber je höher die Wohngegend liege, um so seltenen würden sie fahren. Weiter unten besorgen Oberleitungs-Busse den Öffentlichen Verkehr. Sie sind zumeist 40 und 50 Jahre alt. Abhilfe leisten seit über 100 Jahren sogenannte Assensiores (Aufzüge/Standseilbahnen), die für ein paar Pesos benützt werden können. Von den ursprünglich 29 tun noch etwa 15 ihren Dienst. An die 20.000 Menschen benutzen sie täglich. Der Rest verrottet, weil er nicht mehr gebraucht wird.

Für Besucher am beeindruckendsten sind die bunten Häuser und die zum Teil aus dem 19. Jahrhundert stammende Architektur, die 2003 von der UNESCO zum Weltkulturerbe erklärt wurde. Kaum zu glauben, dass in diesem farbigen Hausgewusel an den Hängen knapp 350.000 Menschen leben; zumeist Nachkommen der spanischen Eroberer und europäischer Einwanderer. Bei Redaktionsschluss, am 2. Januar 2017, erschütterten Nachrichten, dass es in Valparaiso brenne, unser spezielles Interesse und Mitgefühl.

An die 220 Häuser seien, ausgehend von der Laguna Verde in der Hafengegend, abgebrannt. Weil Valparaiso wie ein nach oben ansteigendes Amphitheater um die Bucht gebaut ist, wirkt es vermutlich wie ein Schornstein und zieht das Feuer nach oben. Da fragen wir uns schon: Haben da ein paar blöde Europäer oder dumme Jungs Silvester gespielt und Böller abgeschossen?

Noch einmal Neruda mit Gefühl

Als erstes fahren wir mit unserem Bus zur La Sebastiana, wie ein weiteres Haus von Pablo Neruda heißt. Es liegt auf dem Cerro Alegre hoch über der Stadt an der Avenida Alemania, die wie ein Gürtel um die Stadt führt, und gliedert sich in fünf Etagen mit einigen zusätzlichen Emporen und Halbgeschoßen. Auch hier fallen die großzügigen Fensterfronten auf. Er hat es als Rohbau gekauft und dann selbst ausgestaltet. Mit einem Audioguide gehen wir durch fast alle Räume, erfahren, wo er sich mit Dichterkollegen und Politikern zum Speisen niederließ, wo er schrieb und seine Impressionen ordnete. „Braut des Ozeans", nannte er Valparaiso und wegen einiger dahinsiechenden, verfallenden Viertel auch „Unreine Rose". Wir können seine herrlichen Blicke durch die Fenster auf den Hafen nachvollziehen und dahinter der lange Badestrand von Vina del

Mar, wo die Santiagos zum Baden hinfahren. Speziell ich hege große Lust, mir zuhause wieder mal seine Gedichte zur Hand zu nehmen. Im Garten streckt sich Bernhard auf einer Art Ottomane aus wie Goethe und wird, wie wir später auf Fotos von einigen Mitreisenden sehen, sogleich selbst zum Kunstobjekt.

Hier oben treffen wir auch den nächsten Local Guide, Bruno, Deutscher, mit einer Chilenin verheiratet. Er fährt zwar gerne mal nach Deutschland, um Verwandte zu besuchen, aber hier weg von „Valpo" möchte er nicht. Bevor wir uns auf den Stadttrip machen, genehmigen wir uns noch einen kleinen Imbiss bei Marion, die aus Berlin stammt und seit 15 Jahren ihr Restaurant „Sello Verde" in der Straße Ferrari 570 betreibt. Was schnell geht, sind leckere Sandwiches mit Thunfisch, Hühnchen und Salat. Das Thema Neruda lässt uns noch nicht los. Einige wissen mit den Namen nichts anzufangen; sie sind einfach zu jung. Meine Generation hatte zwar nichts mit den 68ern am Hut, aber es war in meiner Jugend schick, Mistral und Neruda zu lesen und darüber zu diskutieren. Kati sucht und findet über ihr Smartphone ein Gedicht von Neruda und ich biete mich an, es vorzutragen. Alle hören still ergriffen zu. Zugegeben, ist mir auch gut gelungen, obwohl ich es vorher nicht kannte.

Pablo Neruda (1904 bis 1973)

Dichter, Philosoph, Politiker, Lebenskünstler, Liebhaber. Das alles passt auf den bedeutendsten Lyriker Lateinamerikas und trifft trotzdem nicht das Gefühl, das er in seinen Gedichten versuchte auszudrücken, mit Worten zu malen, zu singen. „Von dieser Welt bin ich ausgezogen, um zu singen", war sein Leitmotiv, das sich auch durch sein Werk „Der große Gesang" ausdrückt, mit dem er 1950 die Naturwunder Südamerikas beschrieb. Ein Meisterwerk, urteilten die Kritiker, die ihn in jungen Jahren wegen seiner erotischen Gedichte verteufelten. Er verstand sich als Sänger der lateinamerikanischen Geschichte, als Anwalt der „Menschen ohne Schule und Schuhe" und betitelte seine Autobiographie „Ich bekenne, ich habe gelebt".

Seinen ersten literarischen Erfolg erlangte er schon 1924 mit dem Gedichtband „Zwanzig Liebesgedichte und ein Lied der Verzweiflung", niedergemacht von den Kulturkritikern, aber verehrt von seinen Lesern. Ab 1927 bewegte er sich im diplomatischen Dienst, unter anderem in zahlreichen Ländern Asiens, in Argentinien, Mexiko, Spanien und Frankreich. Ein Kosmopolit, der Gedichte schrieb. 1945 bewarb er sich um einen Senatssitz für die nordchilenischen Provinzen Tarapacá und Antofagista und wurde mit großer Mehrheit gewählt. Er trat den Kommunisten bei, die 1948 verboten wurden. Wegen seiner Protestrede im Senat erging Haftbefehl, dem er nur durch Flucht entkam. Er tauchte unter, floh nach Argentinien und kehrte erst 1952 zurück.

1971 erhielt Neruda den Nobelpreis für Literatur. Als zwei Jahre später sein enger Freund Präsident Salvador Allende gestürzt wurde und auch er durch das Machtgefügte Pinochets in Gefahr geriet, weigerte er sich, Chile erneut zu verlassen. Er war an Krebs erkrankt und starb am 23. September jenen Jahres in Santiago. Am gleichen Tag verwüsteten und plünderten Militärs sein Haus.

Nerudas Begräbnis am 25. September glich einem öffentlichen Protest gegen die Militärjunta. Die Schriftstellerin Isabel Allende beschreibt das Ereignis in ihrem Roman „Das Geisterhaus" als „symbolisches Begräbnis der Freiheit". Es wurde die Internationale gesungen. Später wurde Neruda wunschgemäß umgebettet nach Isla Negra, 45 Kilometer südlich von Valparaiso, neben seiner Frau Mathilde, mit Blick auf das Meer.

Street-Art

Nun tritt Bruno auf den Plan. Wir befinden uns auf dem Cerro Alegre. Ab der Plaza Bismarck arbeiten wir uns auf alter rumpeliger Pflasterstraße bergabwärts. Ursprünglich war dieser Stadtteil bis zur Höhe von 150 Metern von deutschen und englischen Kaufleuten bewohnt, was an der Architektur und an den Straßennamen zu erkennen ist.

In den 60er Jahren des letzten Jahrhunderts kamen die Stadtväter auf die Idee, ihre Stadt neu aufzupeppen und zwar mit künstlerischen Wandgemälden. Und so ist es noch heute. Dabei darf aber nicht jeder Pinsel pinseln. Künstler müssen sich regelrecht mit Entwürfen darum bewerben, sich hier verewigen zu dürfen und werden dafür auch bezahlt. Hausbesitzer sind gerne bereit, ihre Fassaden zur Verfügung zu stellen, auch weil dann kein Graffitto-Mist droht, sondern schöne Bilder, die Touristen anlocken. Und auch wir fotografieren auf unserem labyrinth-artigen Weg Haus um Haus. Der hem-

mungslose Gebrauch von Farbe betört unsere Sinne. Trotzdem müssen wir aufpassen, dass wir nicht über die vielen Hunde stolpern, die hier herrenlos herumwimmeln, manchmal mitten auf dem Fußweg vor sich hindösen oder sich untereinander Straßengefechte liefern. Die Wandmalereien an der Mauer des ehemaligen Gefängnisses werden uns nicht gezeigt. Es sind Schreckensbilder in viel Schwarz, Zerrbilder von

Folterungen, Gefangenenwärtern, verzweifelten Wehklagen und Mahnungen gegen das Vergessen. Das Internet macht es möglich, sie zu sehen.

Das Spezielle an Valparaisos Häusern ist auch die Fassadenverkleidung aus feingerieffeltem Wellblech. In den Anfängen soll es Ballastmaterial aus Schiffen gewesen sein, das zusammen mit großen Steinen zur Stabilität mitgeführt wurde. Die heutigen Fassadenverkleidungen sind freilich neuer, sehen aber genauso aus.

Ein herrlicher Blick zum Hafen und zur Innenstadt offeriert die erste Tageszeitung Südamerikas, El Mercurio, aus 1827, die noch heute erscheint; natürlich auch als Online-Version. Wir sehen die Deutsche Schule, ein hellbraunes Gebäude, dessen Turnhalle Turnvater Jahn gewidmet war. Noch heute ziert hier ein Reichskreuz aus 1857 einen Torbogen. Es ist bekannt, dass lange vor den flüchtenden Nazis und Kriegsverbrechern auch „besondere" Deutsche in Chile eine neue Heimat fanden. Womöglich sind hier die Honeckers herumspaziert und haben sich ergötzt. Weitere Kommentare verkneifen wir uns. In einer Seitenstraße sitzen Kunsthandwerker und auch ein Künstler, den Bruno herzlich begrüßt. Es ist der junge Cuelli Mangui, dessen Werk wir noch vor ein paar Minuten fotografiert haben: Das Gesicht, das ein Chamäleon ausspuckt.

Die Gruppe stellt sich für Kati in Pose für ein Erinnerungsfoto auf der sogenannten Pianotreppe; sie heißt so, weil ihre Stufen schwarz und weiß in der Anordnung von Klaviertasten gestrichen sind.

Bruno zeigt uns, wo sich jeden Februar wagemutige Mountainbiker (auch Deutsche) halsbrecherisch in bisher 3,5 Minuten Bestzeit von der Plaza Bismarck über Treppen und Mauerbrüstungen ins Tal stürzen. Unter „Cero abajo Valparaiso" kann man das bei Youtube anschauen. Ein paar Irre trainieren das ganze Jahr.

So verwirrend die Straßen auch aussehen, man kann sich nicht verlaufen; denn alle Wege führen nach unten in die Bucht. An diesem Küstenstreifen „El Plan" häufen sich bekannte Großbanken und Schickeria-Geschäfte. Eine Bodenplatte mit der Jahreszahl 1692 markiert, wie weit das Wasser in die Bucht reichte, bevor durch Sandaufschüttungen neuer Untergrund für Häuser geschaffen wurde.

Kati warnt mich vor einem vermeintlichen Taschendieb, der sich uns bedenklich genähert hat. Aber außer an mein rotes Notizbuch über die Reise kommt bei mir niemand an die wirklich wichtigen Dinge des Rucksacks. Trotzdem: Ohne diese Notizen hätte es dieses Buch nicht gegeben.

Auf dem „Plan" steht das Standbild des Arturo Pratt (1848 bis 1879), ein Fregattenkapitän und Seeheld, der im bürgerlichen Beruf Anwalt war. Er nahm am Spanisch-Südamerikanischen Krieg 1865 gegen die spanische Flotte teil. Im sogenannten Salpeterkrieg 1879 führte er das Kommando auf der Korvette Esmeralda, die jedoch gerammt und versenkt wurde. Der Jahrestag seines Todes wird in Chile noch immer mit einer Gedenkfeier begangen. An jenem Tag, dem 21. Mai, erstattet die Präsidentin vor dem Parlament den Jahresbericht zur Nation.

Abschied

Wir fahren mit einem Aufzug wieder aufwärts zu unserem Abschiedsessen über den Dächern von Valparaiso. Kurz vor dem Restaurant am Paseo Yugoslavo 176, werden wir gestoppt vom Palazzio Baburizza, erbaut 1916. Es gilt als eines der bedeutenden Museen der schönen Künste. Was uns Reinheimern ins Auge sticht, ist allerdings die Architektur: Jugendstil vom Feinsten, als würde das Haus in Darmstadt stehen. Ein wohlhabender Salpeter-Unternehmer gleichen Namens ließ es sich zur Hochblüte des Jugendstils von einem italienischen Architekten als Villa erbauen.

Wir nehmen auf einem Mäuerchen Platz, weil der Abend noch so lauschig warm ist, und der Ausblick auf den Hafen und die Bucht überwältigend schön. Von hier starten die wenigen Schiffe zu den zu Chile gehörenden Osterinseln, 2500 Kilometer entfernt. Vierteljährlich bringt ein Versorgungsschiff, unter anderem schwere, unverderbliche Lasten und Waren wie Fahrzeuge und Baumaterialien. Näher, 601 Kilometer, haben es die Schiffe zur Robinsón Crusoe-Insel.

Vor unserem Restaurant „La Columbina" tanzt ein älteres Paar wieder mal Tango zum Klang eines mitgebrachten CD-Players. Gebannt verfolgen wir die eleganten Figuren, die sie mit Panterlook-Hose und Highheels in den Raum zwischen den Beinen des Mannes schreibt. Wie schon in Buenos Aires werden wir zum Mit-Tanzen eingeladen. Aber keiner traut sich. Ich würde mich von dem Mann ja gerne mal führen lassen, aber mir tut das Sprunggelenk weh und mit meinen klobigen Walkschuhen?

Unser vorbestelltes Essen wird relativ zügig serviert: Gemüsesuppe, Schweinerücken mit Kartoffelgratin oder Weißfisch mit Fenchelrisotto. Als Aperitif der vermutlich letzte Pisco sour. Alfred und Jupp tanzen eng umschlungen und Wange an Wange Tango. Später im Bus jammert Alfred um seine Lesebrille, die er glaubt, verloren zu haben. Anscheinend ein richtig teures Teil. Aber am nächsten Tag erfahren wir, dass er sie doch gefunden hat.

Tag vierzehn

Der letzte Tag unserer Reise bricht an. Unsere Koffer dürfen wir bis 12:30 Uhr im Zimmer lassen. Um 12:45 Uhr startet unser Bus zum Flughafen. Einige von uns wollen das Angebot nützen, mit einem Touristik-Bus für 22 Euro zwei Stunden durch Santiago zu fahren. Er macht immerhin 13 Stops und alle 30 Minuten kommt der nächste Bus vorbei. Bernhard ist das zu unsicher und so machen wir uns zu Fuß auf den Weg, um noch einmal zum Mercado Central zu kommen, der zwei Tage vorher schon geschlossen war.

Draußen sind es herrliche 25 Grad. Die Schlenker durch die Fußgängerzone habe ich als Spickzettel dabei. Tatsächlich erinnern wir uns an die verschiedenen Stationen bis zur Plaza des Armes. Der Platz vor der Kathedrale ist jetzt abgesperrt, weil ein Bediensteter mit Hochdruckwäscher die

Spuren der Besucher beseitigt. Unser Erinnerungsvermögen lässt uns nicht im Stich. Wir landen am Marktgebäude, das anscheinend gerade erst um 10:00 Uhr geöffnet hat und sind ein wenig enttäuscht. Nur ein kleinerer Seitenflügel ist als Fischmarkt abgeteilt. Aber, was für ein Angebot: Schwertfisch, Sardinen, Plattfische und Riesen-Doraden, die einen halben Meter lang sind. In einem Aquarium sitzt eine gefesselte Königskrabbe. Der Rest des Mercado ist aber nur eine Aneinanderreihung von Restaurants und Cafés, die jetzt fast alle noch unbesetzt sind. Ich erinnere mich, dass Maria von den Märkten jenseits der Hauptstraße erzählt hat, wo sie Obst, Gemüse und Blumen kauft. Die zweigeschossige Obst- und Gemüsehalle ist wegen ihrer Farbenpracht des Angebots ein Erlebnis. Ja, es ist Sommer in Chile: Kirschen und Erdbeeren werden in großen Bergen offeriert; rosa Knoblauchknollen, schwarze und grüne Bohnen, Avocados, Kräuter, Salate, alle Gemüse dieser Welt fein gestapelt wie extra für die Fotografen drapiert. Weintrauben, Nüsse, Orangen, Zitronen, Blaubeeren, Himbeeren, Oliven – ein Schlemmerparadies, wenn man mit Kochgeschirr reist. Wir kaufen ein wenig Käse in Würfeln gemischt, so zum unterwegs schnabulieren. Auch die zweite Halle bietet uns ein Farbenerlebnis: Blumen, fertige Sträuße, Gestecke, Kränze, die Stände überladen mit kunstvollen Arrangements.

Wir machen uns auf den Heimweg zum Hotel. Im Stadtplan der Tourist-Info sind die Straßennamen nicht zu entziffern. Also bleiben wir auf der bekannten Route. Eine Erklärung für die weißen Kringel anstatt Zebrastreifen auf dem Fußgängerüberweg erhalten wir später auch von Kati nicht. Kleine blaue und rote Zelte fallen uns auf, in denen aber kein Verkauf stattfindet, sondern nur ein Tisch und Stühle stehen. Ich halte es für ein Angebot, sich vor der Sonne zu schützen, statt sich im Freien auf eine Bank zu setzen. Kati erklärt mir später, dass dies Buden für Wahrsager sind. Und tatsächlich entdecke ich auf einem meiner Fotos eine Glaskugel.

Ein Erlebnis fehlt noch. Zielstrebig steuern wir auf einen Schuhputzer zu. Ich hatte gelesen, dass die Chilenen sich wenigstens ein Mal am Tag die Schuhe putzen lassen. Bernhard nimmt auf einem dieser mobilen Holzsessel Platz. Erst bekommt er die Hosenstöße hochgekrempelt und dann geht es los. Mit einem Lappen der Staub entfernt und dann wird das Leder mit verschiedenen Substanzen getränkt und eingefettet, abgewischt und schließlich mit Bürsten gewienert. Bernhard begutachtet das ungläubig. Seine alten Treter sehen aus wie neu. Statt der geforderten 600 Pesos gibt er dem Mann 1000 und nun fängt der bisher schweigsame ernste Mann an, über das ganze Gesicht zu strahlen. Beim Weitergehen landen wir wieder am Cafe Caribe, das kühle Haus mit den kurzröckigen Stöckeldamen. Zum Abschied von Santiago gönnen wir uns noch einen Espresso und ein Foto von den Beinen.

Als Erste stehen wir mit unserem Gepäck in der Lobby. Nach und nach erscheinen Uschi und Isabell, Ilse und Manne. Der Rest – mit sechs immerhin die Hälfte - fehlt auch noch um 12:45 Uhr. Der Busfahrer wird schon zappelig, weil er vor dem Hotel nur anhalten aber nicht parken darf. Und dann endlich kommen sie; abgehetzt, mit rotem Gesicht und stürmen ins Hotel, um ihr Gepäck zu holen. Ihr toller Touristbus ist im Stau stecken geblieben; da hätte auch das Umsteigen in ein Taxi nicht geholfen. Alfred hat ein hochrotes Gesicht; vermutlich wieder nicht eingecremt. Auf meinem Kommentar hin erklärt er mir, dass ich mal wieder das Wesentliche bemerkt hätte.

Nur mühsam stochert sich der Bus aus dem Citygewühl zum Flughafen. Kein Problem. Wie immer hatte Kati den Zeitbedarf großzügig bemessen. Wir haben noch zwei Stunden, das Gepäck aufzugeben, Bordkarten abzuholen, Pass- und Körperkontrollen zu absolvieren. Immer wieder treffen wir uns bis an den Punkt, wo Kati draußen bleiben muss. Sie wird noch einen Tag länger bleiben und ihre Abrechnung machen, bis sie nach Deutschland zurückkehrt. Trotz Ersatzpass muss sie für Isabell nochmals übersetzen und argumentieren, damit diese in den Flieger darf. Das soll mir eine Lehre sein; aber wir hätten auf alle Fälle Kopien vom aktuellen Pass dabeigehabt. Dann geht alles sehr schnell: Küsschen hier, Küsschen da. Das Trinkgeld für die gesamte Reise hatte ihr Uschi schon am Vorabend überreicht. Frohe Weihnachten. Felize Navidad. In meinem Kopf klingt die Melodie: „Buenas Dias Argentina". Falsches Lied, wir sind ja in Chile. Als ich dem Passbeamten zum Abschied „Felize Navidad" wünsche, ist der hocherfreut und wünscht uns „happy new year!" So oft erhält er wohl keine Wünsche.

Boarding nach São Paulo. Die Ankündigung von Kati, dass sie für uns beide nebeneinander liegende Sitze ergattert habe, bewahrheitet sich nur zum Teil. Wir sitzen zwar in der gleichen Reihe, aber auf entgegen gesetzten Plätzen. Hingegen ist Jupp mein Nachbar und seine Frau Cornelia Bernhards Nachbarin; da lässt es sich also leicht tauschen.

Der Flug über die Kordilleren überrascht uns mit starken Turbulenzen. Drei Mal müssen die Stewardessen den Essenservice abbrechen. Meine Nachbarin, eine deutsche Lufthansa-Stewardess auf dem Weg nach Istanbul, schafft es mit Mühe, nur ihre eigene Hose zu bekleckern. Das schließlich servierte Chicken schmeckt nach einem stark verliebten Koch.

Auf dem Flug von São Paulo (22:30 Uhr) nach Frankfurt landen wir tatsächlich nebeneinander in der 47. Mittelreihe außen. Wunderbar. Ab hier zählen die Außenreihen nur noch zwei Plätze und der am Gang Sitzende könnte zum Schlafen die Beine ausstrecken, ohne die Stewardess zum Stolpern zu bringen. Eine schier endlose Nacht liegt vor uns. Was am Chicken im letzten Flug zu viel war, fehlt jetzt an der Pasta. Mein Durst äußert sich trotzdem als lustige Bestellung: Agua, Vino Tinto, Agua und noch einmal Vino Tinto. Ausgeschrieben: Durst und das Bedürfnis, möglichst lang zu schlafen. Der Purser lächelt verständnisvoll.

Ich baue mir ein Bett. Mein Kissen ist verschwunden. Während ich danach taste, fingere ich am Kompressionsstrumpf meines Hintermannes. Sorry. Bernhard gibt mir sein Kissen und bläst sich stattdessen ein Kragenhörnchen auf. Gegen Morgen, als wir beide nacheinander zur Toilette gehen, findet er mein Kissen. Er hat darauf gesessen.

Noch nie kam mir ein Flug so entsetzlich lang vor. Der bisher längste aus Las Vegas hatte immerhin zwei Unterbrechungen und ist 20 Jahre her. Ich schlafe nur oberflächlich. Wie auf dem Herflug rumpelte es gehörig über dem Atlantik. Während ich im Stehen vor der besetzten Toilette warte, lasse ich meinen Blick über die Schlafenden vor mir streifen und fühle mich sehr unwohl in diesem vibrierenden Flugzeug. Entsteht so Flugangst? Vor allem: Warum tue ich mir das an.

Erst danach – irgendwo zwischen den Azoren und Europa – falle ich in wundersamen Schlaf. Das Flugzeug ist völlig weg. Ich träume von unserem Wohnort. Erst von einem Aussichtspunkt, den ich mit dekoriert habe, an dem allerdings Sturm ständig eine Türe zuschlägt. Dann wird ein großer Hund überfahren, von dem Kaliber, wie sie in Valparaiso auf den Fußwegen schliefen. Mit einem Schaufelbagger wird er auf einen Caddy gehoben und abtransportiert. Ich selbst befleißige mich, in dem ich das Warndreieck wirklich volle 100 Meter vor der Unfallstelle aufpflanze.

Und dann ist da noch das Fest in unserem Nachbarort Rossdorf. Wir sitzen auf langen Bierbänken und am Top Eckart von Hirschhausen. Bernhard im grünen Lambswool-Pullover. Ein Mensch vom Kinderschutzbund kapert Hirschhausen für eine Spende. Als ich ihn dann anspreche und erkläre, dass Borreliose kein Dorf-Problem und wir ein Bundesverband seien, hört er vom Kinderschutzbund weg und mir aufmerksam zu. Er erklärt mir, wie wichtig es sei, sich um Borreliose zu kümmern. Und ich fiebere darauf hin, ihn zu bitten, Schirmherr bei uns zu werden. Ich erkläre ihm, dass mein Büro nur drei Minuten entfernt sei und ich ihm dort alles ungestört zeigen und dokumentieren könne. Er willigt sofort ein. Allerdings zerschlägt sich dieses Vorhaben, weil Bernhard aufs Klo will und mich deshalb weckt. Und somit endet mein schöner Traum eine Stunde und 38 Minuten vor der Landung in Frankfurt. Das dicke Hirschhausen-Buch haben wir übrigens zwei Wochen lang nahezu unberührt von Ort zu Ort transportiert.

Draußen ist es schon lange hell, aber die Stewardessen schließen noch um 11:00 Uhr die Fensterabdeckungen, sobald es jemand wagt, sie hochzuschieben. Irgendwie wollen sie uns die Nacht verlängern, denn wir kommen offiziell erst um 13.30 Uhr in Frankfurt an. Cornelia krault Jupps Kopf in der Vorderreihe. Sie nennen das Fellpflege, was vermutlich mit seiner Leidenschaft für Katzen zu tun hat. Dann füttert sie Bernhard mit Vitaminpillen. Schon auf dem Flug nach São Paulo hat ihn ein Schnupfen gepackt. Alfred hinter mir hört Rolling Stones und guckt Titanic. Passt.

Reisewarnung des Auswärtigen Amtes

In ganz Chile - insbesondere in der Innenstadt und dem Stadtteil Bellavista von Santiago, sowie in Valparaíso, Viña del Mar, Calama und San Pedro de Atacama - kommt es regelmäßig zu Rucksack- und Taschendiebstahl bei Touristen, häufig unter Gewaltanwendung. Die Täter verwenden manchmal sogenannte K.O.-Tropfen beziehungsweise Nervengifte, die die Opfer für mehrere Stunden handlungsunfähig machen. Eine weitere Variante ist der sogenannte Vogelkot-Trick. Touristen wird dabei eine nach Vogelkot riechende breiige Flüssigkeit übergeschüttet. Umgehend leisten Umstehende „Hilfe" beim Reinigen. Währenddessen nutzen deren Komplizen die Ablenkung der Betroffenen blitzschnell zum Diebstahl. Bitte versuchen Sie daher Abstand zu halten und, sofern möglich, sofort den Ort des Geschehens zu verlassen.

Anhang:

Wir reisten vom 19. November bis 3. Dezember 2016 mit dem Kölner Veranstalter SKR.

Literatur:

Allende Isabel, Das Geisterhaus, 1982

Bednarz Klaus, Am Ende der Welt, Eine Reise durch Feuerland und Patagonien, 2004

Merian Chile, Patagonien, Jahrgang 1996

Willemsen Roger, Die Enden der Welt, 2011

Zweig Stefan, Magellan – Der Mann und seine Tat, 1983

Weihnachtsgeschichte

Ines und José – für immer

Eine weihnachtliche Geschichte von Ute Fischer und Bernhard Siegmund

„Es muss etwas Schreckliches passiert sein",

grübelte Ines und reckte sich vor ihrer Höhle. Die schlanke Pinguinfrau schickte ihren suchenden Blick in die aufgepeitschte Weite der Magellanstraße. Wo blieb José? Zuletzt waren sie im Golf de Peñas zusammen geschwommen. Er war lieb wie immer. In der Bahia Salvación wollte er einen Abstecher zu einer Insel machen und nachkommen. Ab da hatte sie ihn nicht mehr gesehen. Und nun war er schon einen Monat überfällig. Während fast alle anderen Pinguinfrauen schon auf ihrem Ei saßen und von ihren Männern verwöhnt wurden, watschelte Ines voller Trauer alleine morgens zum Wasser, schluckte ein paar Fische und wartete dann wieder den ganzen Tag vor ihrer Höhle.

Trübe Gedanken zogen durch ihr Gehirn. Was, wenn José von einem Seelöwen gefressen wurde? Oder in eine Schiffsschraube geraten? „Der wird eine Schönere gefunden haben", keckerte Nachbarin Zara schadenfroh und rutschte mit dem Bauch auf ihrem Ei herum. Ines schaute kritisch an sich herunter. Es war alles schön an ihr. Der

Bauch voll weiß, das weiße Band um Hals und Bauch sauber geputzt. Im Gegensatz zu Zara hatte sie sogar rote Lidschatten und eine weiße Linie unter dem Schnabel, die aussah, als würde sie immer lächeln. Ines fand, dass sie eine besonders schöne Pinguindame sei. José hatte ihr das immer und immer wieder gesagt.

Lasse, Zaras Mann, rührte der traurige Anblick von Ines. Als Zara mal eingenickt war, versuchte er, Ines etwas aufzumuntern. „José würde Dich nie verlassen", versicherte er ihr. „Er hat mir so oft erzählt, dass du die schönsten Küken der ganzen Insel aus dem Ei zauberst und dass er dich von Herzen liebt!". Ines blickt Lasse dankbar an und sah wieder seufzend auf das Wasser. Immer wenn sie dachte, dass José bei den heimkehrenden Pinguinmännern sei, war es doch ein fremder, der ihm nur ähnlich sah.

Einmal, als sie gerade etwas eingenickt war, hörte sie ein Schlurfen hinter sich. Aber als sie sich umschaute, war es nur der bucklige Miguel, der mit seinem Schnarchen und Herummeckern der ganzen Kolonie auf die Nerven ging. Noch nie hatte sie ihn mit einer Frau gesehen. Sie wusste, dass er ein Auge auf sie geworfen hatte. Er wusste aber auch, dass sie fest mit José ging; und das schon seit fünf Jahren.

Nach und nach schlüpften nun die Küken aus den Eiern. Um Ines herum wurde es immer wuseliger. So sehr die Pinguinmuttis die Kleinen unter ihren Bauch stopften, so gelang es einigen doch immer wieder, zu entwischen. Das war gefährlich; denn auf der Insel nisteten auch Kormorane und große dicke Möwen, die sich nur zu gerne ein Küken zum Mittagessen pflückten. Ines half fleißig, sie wieder einzufangen und wurde zum Dank dafür gefüttert.

Inzwischen war es schon Mitte Dezember geworden. Die Sonne ging nur noch kurz unter und die Tage wurden immer länger. Immer häufiger tauchten nun vor Ines Höhle alleinstehende Herren auf und versuchten, sie zu verführen. Aber Ines ließ keinen an sich ran. „Wenn mein José schon nicht wiederkommt", schwor sie sich, „dann schwimme ich zu den Seelöwen auf der Isla Marta und lasse mich fressen". Bei diesem Gedanken rollten ihr dicke Tränen aus den Augen. Sie konnte gar nicht mehr klar sehen, sonst hätte sie die humpelnde Gestalt an der Steinbrandung eher erkannt. José. Was für ein trauriger Anblick: dieser schleppende Gang, der linke Flügel baumelte herum. Ines lief ihm entgegen. Wortlos schmiegten sie sich aneinander. Was war geschehen? José kroch in die Höhle und atmete schwer. „Um ein Haar hättest du mich nicht wieder gesehen. Ein Fischer hat mich eingefangen und gefesselt. Stell dir vor, ich sollte der Weihnachtsbraten werden." Ines erschrak und zitterte vor Schreck. „Und dann hat er dich doch wieder freigelassen", fragte sie zögernd. „Ach woher", wetterte nun José. Nach drei Tagen ohne Futter war ich so abgemagert, dass ich mich aus der Verschnürung heraus wursteln konnte. Aber als ich gerade über Bord gehen wollte, hat er mir noch einen Gummistiefel nachgeworfen. Der erwischte mich voll am linken Flügel." Ines knabberte tröstend an Josés Schnabel.

Am nächsten Morgen ging es José schon viel besser. Aber er war trotzdem traurig, denn die Zeit zum Eierlegen war für Ines vorbei. Sie würden dieses Jahr ohne Baby sein. Ines hatte eine Idee. Esperanza, ihre Cousine, hatte zwei Eier gelegt und schon jetzt ihre Mühe, beide Eier unter ihrem Bauch zu wärmen. José: „Du meinst – eine Adoption?" Ines nickte heftig; „frag sie doch mal!" Und so kam es, dass Ines und José ausgerechnet am Weihnachtsabend ein erstes Picken am Ei hörten. Und als über dem antarktischen Himmel die Sterne blinkten und der Wind wie mit tausend Flöten über den Erdhöhlen spielte, spitzte ein allerliebstes Küken unter Ines Bauch hervor

Weitere Bücher von den Autoren

Norderney – kein Fall von Toter Hose

Wenn die Weihnachtsurlauber abreisen, beginnt für die Gäste eine reizvolle Zeit ohne Fremdbespaßung. Einsam ist es trotzdem nicht, bei rund 5.000 Urlaubern, Reha-Kliniken eingerechnet. In den Restaurants, wo sich auch die Norderneyer treffen, gibt es genug Platz. Vier Fünftel der vier Kilometer langen Insel sind Dünen mit Rad- und Wanderwegen. Mittendrin liegt die „Weiße Düne". Das gemütliche Restaurant mit Bullerofen und Wolldecken in den Freiluft-Strandkörben bietet rustikale Speisen.

Fast luxuriöse Kur- und Badeeinrichtungen versprechen Spaß und Entspannung. Im Conversationshaus am Kurpark gibt es Konzerte, Lesungen, eine Bibliothek, Spiele und ein Internetcafé. Das pompöse Kurtheater im Tudor-Stil dient auch als Kino. Etliche Museen haben geöffnet. Der autofreie Ort selbst lädt ein zum Flanieren.

ISBN: 978-3-7392-4299-6, 7,99 € E-Book 4,99 €

Azoren – wundersame Welt im Atlantik

Der Archipel der neun Vulkan-Inseln ragt aus den Tiefen des Atlantiks. Dieses Paradies begeistert Wanderer und Entdecker mit unzähligen blauen und grünen Kraterseen in bewaldeten Schluchten, heißsprudelnden Quellen und geselligen Thermalbädern.

Die Hauptinsel São Miguel betörte uns mit Teeplantagen, kleinen Häfen, Dörfern und üppigen Hortensien-Girlanden längs der Autostraßen. Wir bestaunten botanische Dinosaurier der Gentlemen Gardens in der Hauptstadt Ponta Delgada und verließen jedes Restaurant mit dem Gefühl von guter, ehrlicher Küche.

Auf Pico mit seinen Weltkulturerbe-Weingärten, reifen die Reben in Lavakränzen zu besonderem Wein. Wir erklommen den Pico, mit 2.351 Metern der höchste Berg Portugals. In Horta auf der Insel Faial, dem Sehnsuchtshafen der Atlantiksegler, sogen wir am Atem des Mittelalters und der Zeit der ersten Atlantik-Telefonkabel.

ISBN: 978-3-7412-8040-5, 11,99 €, E-Book 4,99 €